テルマエと浮世風呂
古代ローマと大江戸日本の比較史

本村凌二 Motomura Ryoji

NHK出版新書
671

はじめに　共鳴する二つの都市

なぜ異なる歴史を比較するのか

急速なグローバル化を背景に、世界史に興味を持つ方が増えている。かつて「アメリカがくしゃみをすると、日本は風邪を引く」と言われたが、今や中国が咳《せき》をすれば、日本は熱を出し、小国は倒れてしまうような時代である。そんな危機感があるからこそ、歴史に根差した洞察が必要とされ、ビジネスパーソンを中心とした近年の世界史ブームが起きているのだろう。

古代ローマ史を研究してきた筆者にとって、世界史に対する関心の高まりは喜ばしい反面、悩ましくもある。

ヨーロッパ社会の源となる古代ローマは、西洋史のみならず、世界史の肝《きも》である。類まれなる平和を享受《きょうじゅ》する一方で、苛烈な悪政も経験したローマは「歴史の実験場」と言えよう。古代ローマを学ぶことは、この世界を理解する上で不可欠と言っても過言ではない。しかし、日本人がローマ史を正攻法で学ぶとなると、かなり骨が折れる。とにかく長いのだ。

古代ローマは、前八世紀の建国から五世紀に西ローマ帝国が滅亡するまで、実に千二百年以上の歴史を誇る。遠く離れた国の、ましてや古代の話となると、なかなか興味が湧かないのも無理はない。学び始めたところで、人名がややこしくてどうにも頭に入ってこないという声も聞く。

どうすれば多くの人に古代ローマ史を理解してもらえるだろうか。ある時、ふと思いついたのが「比較史」という手法だった。身近な日本史の舞台と引き比べながらであれば、リアリティと納得感をもって、楽しみながらローマ史を学べるのではないかと考えたのである。

手始めに、同じ「古代」と区分される奈良時代や平安時代の日本と比較してみたが、これがうまくいかないことはすぐに気がついた。あまりにも日本が後れていて、比べものにならないのだ。

なにしろ、ローマに収容規模五万人とも言われるコロッセオ（円形競技場）が造られたのは一世紀のことである。二世紀頃には帝国の版図《はんと》は最大に達し、世界人口の三分の一が帝国領土内に暮らしていたとされる。一方の日本はというと、歴史文献に卑弥呼《ひみこ》の名が登場するのが三世紀前半。まだ弥生時代のことである。違いがあるのは当然としても、「似ている」ところがなければ比較史は成立しない。比較する対象に質量ともに同等のものがあってこそ、そこに異同の差を際立たせることができるのである。

では、どの時代であれば比較可能か。私なりに日本史をいろいろ勉強していくうちに浮かび上がったのが江戸時代だった。

古代ローマと江戸日本の共通点

徳川家康が征夷大将軍となって江戸に開幕したのは、一六〇三（慶長八）年のことである。カエサルの登場によってローマが帝政に転じたのが前一世紀後半だから、両者の間には千六百年もの隔たりがある。しかし、それほど時代の違いがあったとしても、盛期のローマと徳川治世下の江戸には比較に値する価値がある。

詳しくは本文に譲るとして、ここでは両者の共通点を三点ほど指摘しておこう。

第一の共通点は、平和な時代が長く続いたことである。江戸の天下泰平は、およそ二百六十年続いたとされる。古代ローマも、アウグストゥスが皇帝に即位した前一世紀後半から二世紀末まで、二百五十年近くにわたって平和と繁栄を謳歌《おうか》した。「パクス・ローマーナ（ローマの平和）」と讃えられたこの時代も、国境付近では他民族との小競り合いが続いていたが、帝国の心臓部であるローマの都をはじめ、地中海に近い地域にいた人々は極めて平和な生活を送っていた。

　第二の共通点は、人口規模である。江戸時代中期になると、江戸の人口は百万に達していたが、「パクス・ローマーナ」時代のローマもほぼ同規模である。近代以前の社会としては、どちらも類を見ないほどの大都市を形成していた。ヒト・モノ・カネが集まる大都市では、庶民にも暮らしを楽しむゆとりが生まれ、そこから新しい文化が花開く。王侯貴族やひと握りの富裕層が文化芸術を独占していた前近代社会にあって、古代ローマと江戸日本は、極めて例外的に「庶民文化」が大きく興隆した都市である。

　第三に、宗教上の共通点である。日本と西洋を比較する際にボトルネックとなるのは、決まって宗教の問題である。現代の西洋社会は、社会制度から文化的慣習に至るまで、あらゆる層にキリスト教の影響が入り込んでおり、日本との比較が容易ではない。ところが古代ローマは、キリスト教がヨーロッパを席巻《せっけん》する以前の社会であり、神々や祖先に対する敬虔《けいけん》さを重んじる土壌は、日本にも通じるところがある。実際、社会規範や風俗を見ると、意外なことに日本と似ている部分も多い。

比較史の愉しみ

実を言えば、歴史の比較研究は、特段珍しい手法ではない。だが、古代ローマと江戸日本を比較するという発想は、学術的な研究はもちろん、一般向けの書籍でもこれまでなかったように思う。時代的にも地理的にもかけ離れているためだろう。

しかし、前近代社会でローマの平和と繁栄に近づき得たのは、江戸時代の日本以外にあり得ないと思う。あらゆる角度からの比較に耐えるという意味で、「パクス・ローマーナ」時代のローマの都と、徳川治世下の大江戸ほど比較史研究に適した取り合わせはないのではないか。

さらに強調しておきたいのは、異なる歴史を比較する意義である。古代ローマと江戸日本を比較することで、古代ローマの歴史や文化が身近に感じられ、日本人の独自性が世界史的視野の中で自覚されるのだ。

本書では、十のテーマに絞って比較を試みた。インフラや生き様、娯楽から文化芸術に至るまで様々だが、ただ「似ている」とか「ここは違う」と対照するだけでは、比較史の意義も薄れてしまう。両者の相似と相違を踏まえて、意外な論点が浮かび上がってくるからこそ面白い。アッピア街道と東海道五十三次を通じて権威のあり方を考え、ワインと日本酒を通じて民衆たちの暮らしに思いを馳せるのも楽しいだろう。

肩肘《かたひじ》はらずに読めるエッセイである。目次を見て興味を引いた章から、気の向くままに読んでもらっても構わない。こういう歴史の愉《たの》しみ方があるのか、と感じていただければ著者としてこれほど嬉しいことはない。

テルマエと浮世風呂――古代ローマと大江戸日本の比較史　目次

1 大都市の見世物

――コロッセオと千本桜

日本人はいつから花見をしてきたか

花鳥風月とはよく言ったものである。

春になれば満開の桜を愛《め》で、夏は花火見物をしながら夕涼み。秋になれば名月を肴《さかな》に酒を酌《く》み交《か》わす。今ではすっかり定番となった四季折々のレジャーを庶民が楽しめるようになったのは、江戸時代も半ばを過ぎた頃からだと言われている。

一五九八（慶長三）年三月十五日、京の名刹・醍醐寺で盛大な花見が執り行われた。主催者は豊臣秀吉、彼が亡くなる半年前の開催である。わが国の歴史において、最もよく知られる花見かもしれない。

花見の起源は、奈良時代にまで遡《さかのぼ》る。当時鑑賞していたのは梅である。また、それを楽しむことができたのは、一部の特権階級に限られていた。これを庶民に開放したのは、徳川八代将軍の徳川吉宗だった。吉宗は、隅田川の畔《ほとり》に千本桜を植えさせたほか、近郊の飛鳥山、海を望む御殿山《ごてんやま》など、江戸各地に庶民のための花見スポットを用意した。これらの地は、現在でも花見スポットとして人気を集める。

吉宗の慧眼《けいがん》は、新設した桜の名所で飲食や出店営業を認めたことだろう。もともと、桜の名所としては上野・寛永寺の境内《けいだい》が広く知られていたが、ここは将軍家の廟所《びょうしょ》だから飲んだり騒いだりするのはご法度である。それでは憂さも晴れまいと、吉宗が「解禁」したのだった。これが今につながる、飲めや歌えの賑々《にぎにぎ》しい花見の端緒となる。

なぜ吉宗は、わざわざ花見の名所を作ったのか。端的に言えば、庶民のガス抜きが目的だった。江戸日本における「高度成長期」とでも言うべき元禄時代を経て、吉宗が将軍位に就いた享保期は不況に陥っており、人口増加も停滞期に入っていた。市中では米屋が襲われていた時代である。吉宗は幕府の財政を再建すべく改革を推し進めたが、それは民衆に質素倹約と増税を課すものでもあった。彼らの不満や鬱憤《うっぷん》が爆発しないよう、花見の楽しみを開放したのだろう。これほどわかりやすい「アメとムチ」はない。

夏の夜空を彩る隅田川の花火も、もとはといえば吉宗が始めたとされる。一七三三（享保十八）年、飢饉《ききん》や疫病で亡くなった人々の慰霊と厄除《やくよ》けを祈願する花火を打ち上げ、以来、毎年花火が打ち上げられるようになったと伝わる。しかも、五月二十八日の隅田川の川開きから八月末まで、毎晩打ち上げられていたというから驚きである。真夏の両国橋は見物客でごった返し、おかげで河岸の出店も大繁盛だった。当時の浮世絵を見ると、ハロウィーンの渋谷スクランブル交差点にも負けないカオスな賑わいが描かれている。

好不況の波はあったものの、天下泰平の大江戸は、世界に冠たる百万人都市だった。一日の仕事を終えた庶民には、チョイと一杯ひっかけながら、花火を見てそぞろ歩きを楽しむゆとりがあった。

「花よりスペクタクル」のローマ人

江戸時代から遡ること千六百年、古代ローマにも奇跡的に長く平和が続いた時代があった。前一世紀後半から二世紀までの約二百五十年間で、世に「パクス・ローマーナ」と称された時代である。二百五十年と言えば、江戸時代とほぼ変わらない長さだから、江戸時代のことを「パクス・トクガワーナ」と呼ぶ向きもある。さらに興味深いことに、どちらも首都の人口は百万を数え、近代以前の世界では破格とも言える大都市であった。

盛期のローマに暮らした自由市民の所得は、十八世紀、つまり江戸時代の中期頃に至るまで、人類史上最も高かったと言われている。そんな彼らが熱狂したのは、風雅な花鳥風月ではなく、スリル満点の戦車競走や、血の匂いが漂う剣闘士の試合だった。当時のローマ市民の最大の関心事は、皇帝がばら撒く「パンとサーカス」、すなわち市民に無料支給される穀物と様々な見世物だった。

「サーカス」という言葉から、曲芸的な見世物を連想する人も多いかもしれない。しかし、そもそも circus はラテン語で「キルクス」と読み、戦車競走を行う楕円形のサーキットを指す言葉だ。

ローマのコロッセオ近くにある遺跡チルコ・マッシモには、今なお戦車競走の車輪跡がくっきりと残っている。チルコ・マッシモは、ラテン語読みすると「キルクス・マキシムス」、直訳すると「巨大サーキット」である。その名の通り、日本の野球スタジアムの十倍くらいの広さに、最大で五十万人もの観衆を収容したと言われる。

大都市ローマの人口の半分を呑み込むほどの巨大施設である。イベント当日に響き渡った歓声は、耳を塞ぎたくなるような爆音だったに違いない。チャールトン・ヘストン主演の映画『ベン・ハー』（一九五九年）で描かれる、大掛かりな戦車競走を覚えている方もいるだろう。四頭立て（あるいは二頭立て）の戦車がコーナリングに失敗して横転したり、敵車に幅寄せされて中央分離帯に衝突したりする様に、ローマの民衆は心から熱狂した。投げ出された御者が引きずられ、命を落とすことも珍しくなかった。あまりにも危険で、残酷な見世物に熱中したローマ人は、花鳥風月に耽溺《たんでき》してきた日本人には理解しがたい部分がある。

葬送の儀式を「見世物」にしたローマ貴族

ローマで戦車競走よりも頻繁に行われていたのは、収容人数が数千から数万人規模の小さな競技場でも催行可能な剣闘士興行だった。主要な町には剣闘競技場が必ず一つはあり、ローマ帝国全土では三百ほどもあったと言われている。

剣闘士興行が始まったのは、前二世紀頃のことである。始まりは、死者を弔う葬送の際に行われる儀式の一種だった。死者の魂は、人間が流す血を吸って天に還ると考えられていた。

この宗教儀式を「見世物」として興行したのは、富裕な貴族たちであった。自らの富を顕示するため、自前の奴隷を見世物として闘わせたわけだ。娯楽が少なかったのか、あるいは単に血の気が多かったのか、これがローマの庶民に大受けした。金持ちが競うように催行すると、やがて専用の競技場が造られ、庶民の娯楽として定着していった。

剣闘士の大半は奴隷や戦争捕虜であった。興行は文字通りの「真剣」勝負だったが、毎回どちらかが死ぬまで闘わせていたわけではない。リドリー・スコット監督の映画『グラディエーター』(二〇〇〇年)では、派手に命のやりとりをしているように描かれているが、娯楽映画ならではの誇張が入っている。剣闘士興行の実態は、カーク・ダグラス製作総指揮・主演の『スパルタカス』（一九六〇年）のほうがうまく描けている。

意外に思われるかもしれないが、当時の剣闘士はそれぞれが組合に属していた。組合の親方にとってみれば、剣闘士は大事な資産である。できれば殺したくない。また、勇敢に闘った剣闘士は、たとえ負けても許されることが多かった。平和な時代には一日五組の試合を行って、命を落とすのは一人くらいだったと言われている。必ずしも、必死の見世物というわけではなかった。

ボルゲーゼの剣闘士像（ルーブル美術館蔵）

剣闘士が歴史を動かさんとする出来事もあった。前七三年に起きたスパルタクスの反乱である。当時、冬季は戦争も休戦状態にするのが通例で、戦闘は雪溶けを待って再開されていた。剣闘興行も冬場がオフシーズンである。ローマ史上最大の奴隷蜂起と言われるスパルタクスの反乱が春先に起きたのは、この事実と無関係ではなさそうだ。反乱軍のリーダーであるスパルタクスが、戦争捕虜で剣奴《けんど》（剣闘士奴隷）だったことは有名だが、彼らが蜂起したのは春先の剣闘士興行が再開する直前だったのだ。反乱軍は奴隷解放という大義を掲げていたが、より直截的には、ローマ市民に娯楽を提供するために生死を懸けたシーズンが始まることに、もう耐えられなかったというのが本心かもしれない。結局、反乱軍は内部分裂し、鎮圧されることになる。

「アメとムチ」が生んだコロッセオ

ローマ観光の目玉の一つと言えば、コロッセオだろう。七九年に皇帝ウェスパシアヌスが建設を始めた剣闘競技場である。収容人数はおよそ五万人。先述したチルコ・マッシモほどの規模ではないにせよ、すり鉢状の巨大な円形闘技場で行われる公認殺人ゲームの一部始終を、五万もの人間が固唾《かたず》を呑《の》んで凝視したわけだ。

ウェスパシアヌスは六九年に即位したが、彼に課された使命は明らかだった。ネロ帝が湯水のごとく散財しまくったせいで破綻していた財政を、きっちり再建することである。確かにネロは暴君だった。だが、彼が処刑したのは貴族や役人であり、民衆には危害を加えていない。それどころか、民衆相手には大盤振る舞いをしていたため、非常に人気があったとされる。ウェスパシアヌスは損な役回りを押し付けられたものだ。彼は自ら率先して質素倹約に努め、税収アップのために公衆トイレを設置して、集めた尿を販売するこ

コロッセオの遺跡

とすらした。徴税の厳格化を進め、民衆にも我慢を強いた。当然、ガス抜きのための施策が必要になる。それがコロッセオの建設だった。吉宗が「アメとムチ」で千本桜を植えたように、ウェスパシアヌスも民衆を熱狂させるアメとして、コロッセオを建設する必要があったのだ。残念ながら、彼の存命中には完成しなかったのだが。

　いずれにせよ、古代ローマにおいて、剣闘士興行は庶民の支持をとりつける特効薬だった。かのカエサルも、相当なお金を注ぎ込んで、繰り返し剣闘士興行を催行している。なにも皇帝だけではない。地方選挙で重職に就こうと考える地方の富裕層も、競うようにして剣闘士興行を主催した。

江戸日本の場合は、少し事情が違ってくる。江戸の庶民が夏に楽しんでいた花火は、お大尽《だいじん》がスポンサーとなって打ち上げられていた。商家にとってみれば、多少の宣伝効果はあったかもしれない。しかし、古代ローマのように政治的な目的は薄く、どちらかと言えば金持ちの「酔狂」とでも言うべきだろう。

剣闘士と同じ格闘系の括《くく》りで言えば、江戸では相撲が人気を博していた。しかし、相撲と剣闘士興行では趣を異にする。何より相撲では武器を用いないし、素手であっても相手を殺すまで痛めつけることはない。流血に熱狂していたローマ人とは、楽しみ方そのものが違う。

相撲が神事の一種として行われてきたことは有名だが、江戸期にエンタテインメント化したのは、寺社の建立・修繕費用を集めるために興行化されたのがきっかけだった。いわゆる勧進《かんじん》相撲である。幕府の引き締めに鬱憤を溜めていた庶民が、迫力満点の肉弾戦に熱狂したのも頷ける。そのあたりの事情は、いずこも同じなのだろう。

ローマ人はコメディがお好き？

相撲興行と言えば、女人禁制が原則である。江戸時代は、女性が相撲を観戦することすら制限されていたという。その代わりと言っては語弊があるかもしれないが、当時の女性たちが熱狂したのが歌舞伎である。

歌舞伎というと、高尚で敷居の高い伝統芸能というイメージを持つかもしれない。それは誤りだ。江戸時代の庶民にとって、歌舞伎は娯楽の王様だった。

当時の人気歌舞伎役者は、今で言えばイケメンのアイドルに当たるだろうか。彼らは流行の発信源であり、ファッションリーダー的な存在だった。その麗姿を描いた浮世絵の役者絵はファン垂涎《すいぜん》の応援グッズであり、いわばブロマイドだった。役者絵と言えば、東洲斎写楽の作品を思い浮かべる方も多いと思うが、彼の作品は極端なデフォルメが施されているため、贔屓《ひいき》のスターのカッコいい姿を愛でたい人々には不評だったという。写楽がデビューからわずか十か月で忽然《こつぜん》と姿を消してしまったことと無関係ではないだろう。

江戸中期の歌舞伎舞台には、すでに「せり」や「回り舞台」といった装置があり、後期になると早替わりや宙乗りといった演出で庶民の度肝《どぎも》を抜いた。当時の歌舞伎公演は、早朝六時に開幕し、夕方四時まで延々と十時間に及ぶ。芝居見物は、一日がかりの大イベントだったのだ。その点は、ローマの戦車競走も同様である。剣闘士興行と違ってなかなか見ることのできない戦車競走を見るために、郊外から多くの人々がやって来た。競技場を目指して、まだ暗いうちに続々と集まってきたという。

ところが、ローマの市民は観劇にはほとんど興味を示さなかった。「大芝居」と呼ばれた歌舞伎興行のほか、寺社の境内で盛んに催されていた種々の「小芝居」を楽しんでいた江戸庶民とは大きく異なっている。

もちろん、古代ローマに芝居興行がなかったわけではない。帝国の地方都市であるポンペイの遺跡には大小の劇場跡が残っており、大劇場では喜劇、小劇場では詩の朗読会などが開かれていた。しかし、ポンペイの街に数多《あまた》残る落書きを見ると、推しの剣闘士を熱烈応援するメッセージや、対戦相手を揶揄《やゆ》するようなコメントはたくさんあるのに、芝居や役者について触れたものは少ない。熱量がまるで違うのだ。

古代の地中海世界で演劇が盛んだったのは、古代ギリシアのアテナイである。彼の地では、仮面をつけた俳優と「コロス」と呼ばれる舞踊合唱隊の掛け合いで展開していく壮大な悲劇作品が生み出されたが、ローマ人が好んだのは悲劇より喜劇、演劇よりも風刺の利いた朗読会だった。なかには、天空から地上に落ちた神々を「サルも木から落ちる」とからかうような作品もあった。

また、アテナイでは新作の出来を競う品評会も開かれていたが、ローマで上演されていたのはギリシア演劇の焼き直しだった。フィクションの世界に耽溺するより、生身の剣闘士が繰り広げる血なまぐさいリアルなドラマのほうが、彼らには刺激的で性に合っていたのかもしれない。

事実、ギリシア世界には多くの劇場があったが、ローマ帝国に編入されていく過程で、様変わりを余儀なくされている。半円形だった劇場は、剣闘興行ができるよう円形に改造され、客席と舞台の間に高い壁が築かれたのだ。現在、ギリシア国内に残る劇場のほとんどはローマ時代に改変されていて、かわいそうなくらい原形を留めていない。

江戸に目を転じれば、ローマの朗読会に相当する娯楽として、「噺《はなし》」を楽しむ文化があった。当初は路上ライブ形式だったが、やがて専門の小屋が設けられ、幕末には落語の寄席《よせ》が百七十軒以上、講談の寄席は二百軒以上を数えたという。寄席は歌舞伎よりも木戸銭《きどせん》（見物料）が安く、庶民には最も手軽な娯楽の一つだったようだ。

ローマ人の反発、江戸っ子の反骨

現代の為政者と同じように、古代ローマの皇帝も民衆からの支持獲得に神経をとがらせていた。人気回復のカンフル剤として彼らが利用したのが、先述した「パンとサーカス」

である。とりわけサーカスを盛大に行うことは、絶大な効果を発揮した。

ところが、何事にも飽きは来るものである。「パンとサーカス」を与えられることに慣れ切ったローマ市民は、やがて仕事などそっちのけで享楽に耽溺するようになっていく。すると為政者はどうするか。皇帝はどんどん祝日を増やしていき、「パクス・ローマーナ」時代の末期には、一年の半分以上が何かしらの祝日だったと言われている。

祝日には、いわゆる祭りも行われていた。最も大きな祝祭は、一年の最後を締め括る農神祭「サートゥルナーリア祭」だ。一週間もの間、奴隷も主人もバカ騒ぎした。あまりに狂態が過ぎるので、日数を制限しようとした皇帝もいたが、その都度ローマ市民は反旗を翻した。逆ギレしたわけである。

ローマ人は自由に対する意識が非常に強い。自由や権利を制限してくるような動きに対しては真っ向から抵抗する人たちである。そうした精神性は、コロナ禍でも見えたように思う。ヨーロッパでは、感染者数が急増してもマスク着用を断固として受けつけない人が多く存在したし、ワクチン接種の義務化に反発するデモが頻繁に行われた。外出や営業の「自粛要請」がおおむね機能した日本とは、行動制限の方針ロジックが違っていた。

日本は同調圧力が強く働くためか、あるいは「長いものには巻かれろ」的な価値観が浸透しているためか、お上《かみ》の言うことに正面切って抵抗することは少ない。あるいは、面従腹背が真の処世術なのかもしれない。江戸時代、庶民の贅沢《ぜいたく》や風紀の乱れを取り締まるため、幕府は役者や遊女を描いた浮世絵を禁じたり、人気役者を江戸から追放したりした。果ては、町人の着物の色や柄にまで規制をかけたこともある。江戸の庶民は、表向きには「仰《おお》せの通りに」とお達しを甘受した振りをしつつ、アンダーグラウンドに潜って自由な表現を楽しんだり、知恵と工夫で規制の穴を突き、新しいものを創り出したりした。

中国共産党の締め付けが厳しい現代中国の民衆にも、似たような逞《たくま》しさを感じる。真っ向から反発する西洋の価値観と、面従腹背で反骨を示す東洋の価値観、両者の歴史を比べてみるのも興味深い。

民衆と共に盛り上がる皇帝、姿を見せない将軍

ここまで都市の娯楽について縷々《るる》述べてきたが、帝国盛期のローマと泰平の江戸に共通するのは、庶民にエンタテインメントを楽しむだけの余裕があったということに他ならない。時間的・精神的な余裕が、後世に誇る庶民文化を形成していったのである。言うまでもないが、どちらも前近代では有数のマンモス都市で、エンタテインメント・ビジネスが

成立するだけの人口を持っていたことも重要な要素だ。

すでに述べたように、古代ローマの戦車競走も江戸日本の歌舞伎も、一日がかりの見世物だった。ヒマな庶民が見に来たということは、その時間を遊びに費やしても、食うに困らないだけの経済力があったことを意味する。いい大人が全力で遊ぶことができる。その事実は、それだけ社会が豊かであることを示してはいないか。工業化が進んでいない前近代においては、なおのことそうだろう。

それにしても、ローマと江戸でここまで趣向の違いが出るのも面白い。ローマでは競技系の娯楽が主流で、剣闘士興行に至っては、人間同士の闘いだけでなく、人と野獣を闘わせたりもしていた。野獣は手加減を知らない。人間が負ける可能性も低くはないだろう。そんな時は犯罪人を剣闘士として引っ張り出したようで、観衆は遠慮なしに熱狂していた。そうした残虐性の高いエンタテインメントを面白がるメンタリティは、現代の日本人には想像もつかない。

ローマ人が流血の現場を目撃して狂喜したのに比べると、江戸日本の娯楽はなんと穏やかで華やかなことか。花が終われば、月や虫の音を愛で、紅葉が落ち果てた枯野の風情にさえ心を寄せる。そのことをローマ人が知ったら、一体どんな顔をするだろうか。

もちろん「火事と喧嘩《けんか》は江戸の華」と言われるように、江戸日本にも流血沙汰はあっただろうが、ローマ人が楽しんだ「喧嘩」とは雲泥の差がある。ここには古代と近世の違いだけでは片づけられない、根本的な文化の違いがあるように思えてならない。ちなみに、江戸に喧嘩が多かったのもどうやら江戸時代初期の頃で、天下泰平のお江戸育ちにとって、無暗《むやみ》やたらな喧嘩は田舎者の無粋で、喧嘩の仕方にも暗黙のルールがあったようだ。

最後に、古代ローマと江戸日本の間に横たわる決定的な差異を指摘したい。それは、民衆が集まる喧噪の空間に、為政者の姿があったかどうかである。

ローマのコロッセオやチルコ・マッシモには貴賓席があり、皇帝も民衆と一緒に見世物に興じていた。その上、ただ民衆の眼前に姿を現すだけでなく、皇帝が熱心に見物していないと民衆がブーイングを浴びせることもあったという。「民と共にある」というのが為政者にとって重要な仕事だったことが分かる。

目立ちたがり屋として知られるネロは、自ら主催したサーカスに派手な格好で現れて喝采を浴びた。五賢帝の一人であるハドリアヌスは競技場にしばしば姿を見せただけではなく、公共浴場で民衆と一緒に入浴を楽しんだ。

一方で、大勢の人でごった返す花見の名所に将軍が姿を現し、同じ場所で宴を張ることはあり得ない。将軍が出かける時は先遣隊が人払いをしていたし、芝居や相撲を観るならば役者や力士を城内に呼んで上覧していた。天子様は御簾《みす》の向こうにおられるのが常である。たとえ将軍であっても、直接には拝顔できないのが「常識」であった。

これは古代ローマと江戸日本に限った違いではなく、ユーラシア大陸の東西で分かれる権力のあり方だろう。しかも、歴史に蓄積されたそうした土壌が、今日の為政者にも表れているように思えてならない。ヨーロッパの政治家は自らの言葉で民衆に語りかけることを重んじるが、東アジアの政治家は側近や官僚が事前に詰めた原稿を読み上げる。我が国の政治家の顔が見えてこないのは、歴史に根差した宿痾《しゅくあ》なのかもしれない。

2 水の享楽——テルマエと浮世風呂

お江戸の風呂事情

ひと仕事を終えた後の風呂ほど気持ちのいいものはない。

日本人は無類の風呂好きと言われるが、江戸時代の庶民も毎日のように風呂に入っていた。といっても、現代のように自宅に浴槽はない。長屋はもとより、裕福な町家や武家屋敷にも風呂場はなかった。燃料が高く、きれいな水も貴重だったためだろう。

何より火事の原因になることを恐れていた。火事は、木造家屋がひしめく大江戸の急所であった。失火は大罪である。経済的な理由ばかりでなく、そもそも内湯を設けることが厳しく制限されていたのだ。内湯を持つことができたのは、大名や富裕な町人などごく一部の特殊な階層だけで、江戸の人々は、身分の別なく湯屋（銭湯）に通っていたのである。

湯屋の営業は、朝八時から夜八時までと長い。風が強い日は失火の恐れがあるので休業したという。料金は大人六文、子ども四文。現在の貨幣価値に換算すると、大人で百円から二百円くらいか。幕末には少々値上がりしたようだが、十七世紀前半の寛永期から百五十年間、料金は基本的に据え置かれた。

銭湯の起源は、家康が江戸に入ってすぐにまで遡《さかのぼ》る。まだ家康が征夷大将軍に任官する前のことだ。江戸城や城下町を整備する大工事がスタートし、全国から集まってきた人足を相手に、伊勢与市《いせよいち》なる人物が商売を始めたのが創始と伝わる。巷《ちまた》のニーズを先取りした、いわばニュービジネスだったわけだ。この頃の風呂は「空風呂《からぶろ》」とも呼ばれる、いわゆる蒸し風呂だった。少量の湯から発散させた湯気で垢《あか》を落とすスタイルが江戸初期の主流だったのである。

十七世紀も半ば頃になると、湯屋と呼ばれる銭湯が登場する。湯屋といっても、湯船に張られた湯は膝の高さくらいまでと少ない。肩まで浸《つ》かるほどの量はなく、もうもうと湯気が立ちこめる薄暗い湯船に腰まで浸かる、いわば半身浴スタイルだったようだ。それでもこのスタイルの湯屋は大流行し、江戸市中に二百軒、江戸後期には六百軒を数えたというから驚きだ。

時代を下ると、銭湯はさらに進化した。十九世紀初頭に書かれた式亭三馬《しきていさんば》の『浮世風呂』を読むと、湯船にたっぷりと湯が張られるようになったことが分かる。湯気が逃げないように湯船は板戸で囲われ、人々は柘榴口《ざくろぐち》と呼ばれる小さな出入り口から入っていった。中は湯気が立ちこめ、しかも光がほとんど入らないものだから、後から入る人は「冷えものでござい」と声をかけ、中にいる人も咳払いで応じて入浴中であることを知らせたという。囲われた湯船の外には、広い洗い場のほかに、「岡湯」と呼ばれる槽があった。米糠《こめぬか》を入れた袋などで洗った体を、岡湯から汲《く》んだ湯で流していたそうだ。ちなみに、明るく開放的な風呂場で、熱い湯を満々と溜めた湯船にどっぷり浸かるという現在のような銭湯スタイルは、明治十年代に生まれたものである。

サロン機能を備えた江戸の湯屋

入浴は精神的なリラックス効果をもたらす。風呂に入って汗をさっぱり流したら、酒でも飲んでゆっくり寛ぎたい。それは江戸の庶民も同じだったようだ。

江戸時代初期には、夕方四時で湯屋としての営業は終《しま》いにし、脱衣所に金屏風などを立てた急拵《きゅうごしら》えの座敷で客をもてなす「湯女《ゆな》風呂」が繁盛した。吉原の太夫にスカウトされた湯女もいたそうで、風紀を乱すと幕府から度々禁令をくらい、十八世紀初めには姿を消してしまったようだ。

やがて湯屋の二階に、茶菓子や囲碁・将棋を楽しめる座敷が設けられるようになる。湯屋の二階は、もともと武士が衣服や刀を預けるためのスペースだったが、ここを庶民にも開放し、身分に関係なく常連客が寛げるサロンとしたのだ。

近年は「スーパー銭湯」と呼ばれる複合娯楽施設が増え、昔ながらの銭湯は少なくなってきたが、昭和も三十年頃までの銭湯は、地域の社交場としての機能を備えていた。昭和三十年代と言えば、まだ内風呂が普及しはじめて間もない頃だ。銭湯利用者は多く、私も高校時代までは風呂のない家に住んでいた。当時の銭湯は、社交場であると同時に教育の場であった。友人と誘い合わせて銭湯に行き、そこに集う地域の大人たち、特にご隠居連から様々なことを教わったものだ。

老若男女が日々もれなく通っていた江戸時代の湯屋は、その傾向がもっと強かっただろう。近所づきあいや異業種間の情報交換など、重要なコミュニケーションが行われていたと思われる。

ただ、湯屋のサロンに集ったのは男性のみだったようだ。二階に通じる階段は、男湯にしかついていなかったのである。女性たちは入浴だけを楽しみ、サロンからは排除されていたのかもしれない。

公衆浴場を愛したローマ人

江戸に湯屋と呼ばれる公衆浴場が普及したのは、内風呂を持つことが禁じられていた百万人都市の必然と言えるだろう。世界の歴史を見渡してみると、同じ百万人を擁する大都市で、しかも内風呂の設置が禁じられていたわけではないのに、江戸以上に公衆浴場が充実していた国がある。古代ローマである。

漫画『テルマエ・ロマエ』（ヤマザキマリ作）で、ローマ人の風呂好きを知った方も多いだろう。テルマエ・ロマエとは、ずばり「ローマの公衆浴場」を意味する言葉だ。この作品に描かれているのは、ローマ帝国が最も平和で幸福だったと言われるハドリアヌス帝の治世である。当時のローマは、公営の巨大なテルマエ（公衆浴場）が十一か所、小規模の民営浴場は九百軒を数えたという。

ローマ市街の南郊に遺跡が残る「カラカラ浴場」は、三世紀初頭にカラカラ帝が造ったもので、二千〜三千もの人が入浴できたとされる。現地を訪ねてみると、その大きさには度肝を抜かれるが、古代ローマにはカラカラ浴場を上回る規模のテルマエがあった。ハドリアヌスの一代前の皇帝トラヤヌスによって、二世紀初頭に建設された「トラヤヌス浴場」がそれである。

緑に囲まれたトラヤヌス浴場には、冷温・微温・高温の三種の風呂があり、図書館やスポーツジム、遊技場なども併設されていた。現代日本のスーパー銭湯に負けない充実ぶりである。その上、入湯料は当時のローマで発行されていた中で最も少額の硬貨一枚。おかげで庶民も毎日のように利用できた。

ローマ人はこぞって公衆浴場に通った。それほど風呂を愛していながらも、自宅には浴槽を設置することはなかった。大帝国を築いたローマ人は、ギリシア人やカルタゴ人よりも大きな家に住んでいたのだが。以前、ギリシア史の専門家と一緒に古代ローマの遺跡を訪ねた際、ポンペイに残る町の有力者の住居跡を見て、彼が心底驚いていた。その住居跡は、古代ギリシアで言えば、王侯貴族の邸宅くらいの広さだったからだ。

それほど大きな家に住んでいながら、人々が公衆浴場を愛用したのは、江戸の湯屋と同様、そこが社交場になっていたからだろう。ローマの庶民は朝日が昇ると同時に仕事にかかり、昼過ぎには終業する。さあ、向かうは公衆浴場だ。ゆっくりと風呂で汗を流し、友人と政治談議に花を咲かせたり、スポーツや読書をしたり、おそらく酒を飲んだりもしながら、午後の時間を大いに楽しんだのである。

要するに、テルマエは庶民に開かれた大娯楽施設だったのだ。現代になぞらえて言うならば、国が都市型の複合リゾートスパを経営していて、誰でも百円で利用できるような状況と言えるだろうか。歴代の皇帝が競うように巨大なテルマエを建設した理由は、もちろん民衆を喜ばせて人気を勝ち取るために他ならないのだが。

ちなみに、ローマのテルマエはプールのように巨大な浴槽があるばかりで、仕切りらしいものや目隠しは存在しない。そんな開放的な造りのせいか、「混浴だったに違いない」と想像を逞しくする向きもあるが、あいにく混浴ではなかった。浴槽が一つしかない浴場でも、午前中は女性、午後は男性というように、時間帯で分けて利用していたのだ。混浴は厳格に禁じられていたわけではないが、全身を露出した男がうようよいるところに若い女性が行くはずもなく、混浴のテルマエに出かけて行ったのは年配の女性くらいだったようだ。どちらかと言えば、公衆浴場で問題になったのは男性の同性愛である。

ローマの暮らしを支えた水

では、なぜ古代ローマにテルマエが生まれたのか。着目すべきは水資源である。

テルマエが飛躍的に発達したのは、前二世紀の半ば頃だ。宿敵カルタゴに勝利して地中海の覇権を握ったローマは、その絶大な経済力を背景に、湯量豊富な巨大テルマエを次々と建設していく。首都ローマのみならず、地方都市や国境の陣営地にもテルマエは建設された。とはいえ、いかに経済力があろうとも、きれいな水が潤沢になければテルマエは運営できない。実のところ、初期には水風呂と蒸し風呂で構成される、いわゆるサウナ風呂がほとんどだったようだ。

古代ローマが世界に冠たる風呂大国になり得たのは、早くから上水道の整備に力を入れたためである。

前三一二年、山間の泉からローマ市街まで、全長十七キロにおよぶアッピア水道が建設された。これを皮切りに、最盛期には十一本もの水道が引かれた。前四世紀というと、日本では稲作を伴う弥生文化が緒についたばかりで、卑弥呼が登場するのは五百年以上も後のことである。ローマの文明には恐れ入るばかりだ。

そんな時代に石造りの水道を敷設し、しかも、そのほとんどが地下深くに埋設されていたのは驚嘆に値する。地上を通る部分も剥き出しではなく、構造物の中を通るように設計され、流れが滞らないよう微妙な傾斜がつけられていた。水道を地下や構造物の中に造ったのは、水質を保つためであると同時に、きれいな水を敵の攻撃から守るためでもある。やがて、美しいアーチ状の脚をもつ水道橋が地上の遥か高くに築かれるようになる。現在もローマのテルミニ駅に向かう列車の窓から、その遺構を望むことができる。私にとっては「ああ、またローマに戻ってきた」という気持ちにさせてくれる風景だ。

もちろん、公衆浴場を造るために大規模な上水工事をしたわけではない。主たる用途は飲料用水や生活用水である。水道敷設以前は、雨水を貯めたり、掘り井戸やテヴェレ川の水を利用したりしていて、お世辞にも清潔な水とは言えなかった。また、版図拡大に伴って人口が増加したため、きれいな水の需要が急増した。それゆえの大工事である。

充実した上水インフラのおかげで、帝政時代のローマには一日あたり百万立方メートルもの水が供給されていたと推定される。当時のローマの人口は約百万人、人口規模で言えば現在の千葉市と同じくらいだが、同市の令和元年度の年間総給水量は約五百万立方メートルだ。いかにローマが大量の水を使っていたかがお分かりいただけるだろう。

きれいな水を大量に確保できるようになったローマ人は、やがて銭湯らしきものを造って商売をはじめたり、財力のある人は公衆浴場を造って庶民に提供したりするようになった。

なかには、上水道にパイプを挿し込んで、無断で水を拝借する輩《やから》も現れた。それを突き止めたのが、水道建設技術に関する著書もあるフロンティヌスという学者である。彼は水源地での取水量とローマに届いている水量を推計し、不法に水道水が流用されていることに気がついた。古代ローマはそこまで進んでいたのかと目を見張るエピソードだ。

その上、当時造られた水道の中には今も現役で使われている水道がある。前一九年に完成したヴィルゴ水道は、帝国滅亡と共に使われなくなっていたが、千年後のルネサンス期に、ローマ教皇ニコラウス五世の命により復興された。観光名所として知られるトレヴィの泉は、この水道から流れてくる水を使っている。

インフラ整備を担った貴族の矜持

盛期のローマ帝国では、ポンペイのような地方都市にも上水インフラが整備され、人々は心置きなくきれいな水を使うことができた。ポンペイの遺跡を歩いてみると、至るところに石で囲われた水汲み場がある。その数はおよそ三十に上る。しかも、そこに溢れ出ていた水は、誰でも無料で利用できたというから驚かされる。こうした水汲み場が、首都ローマには一三三五か所もあったという。水は生命維持の要であり、豊かさの礎《いしずえ》である。きれいな水を潤沢に確保していたことが、長期にわたるローマの泰平に寄与していたことは間違いない。

こうした社会資本の整備は、帝政期以前から積極的に進められていた。興味深いのは、それが国家事業――つまり、為政者によるトップダウンで進められたとは限らないことである。

古代ローマでは、財力のある貴族が道路や公共施設の建設といった事業を担うことは決して珍しくなかった。彼らは自腹で公共事業を推進し、造った道路や建物に自分の名前を冠して勲章とした。事実、先に述べたアッピア水道は、共和政時代の政治家で軍人のアッピウス・クラウディウスが建設したものである。

共和政から帝政前半にかけて、ローマは未曾有《みぞう》の経済発展を遂げ、一部の貴族は桁違いの金持ちになっていた。現在、世界で最も富める二十六人の富裕層の資産額は、世界の下位五十％を占める三十八億人の総資産と同額だと言われる。程度の違いはあったかもしれないが、古代ローマにも似たような状況が現れていた。

しかしローマ人には、金持ちの吝嗇《りんしょく》は恥ずべきことであり、持てる者は自らの資産を何らかの形で社会に還元しなければならないという意識を強く持っていた。現代でもイギリスなどに残る「ノブレス・オブリージュ」に近い矜持《きょうじ》である。その還元方法が、剣闘士興行などのサーカスを主催することであり、パン（食料）を安く提供することであり、水道や道路などのインフラ整備をすることであった。

賢帝ハドリアヌスは、二十数年にわたった治世の半分を、帝国内の属州視察に費やしたと言われる。この大巡幸でなにが起こったか。ハドリアヌスを迎える都市の有力者や属州の富豪たちが、競うように道路や水道橋を建設したのである。皇帝を迎えるに相応《ふさわ》しい都市にしなければ、と彼らが見栄を張ったおかげで、この時代は「ヘイドリアン・ルネッサンス（ハドリアヌスのルネッサンス）」と言われるほど、帝国全土でインフラ整備が進んだのである。

ルネッサンスという言葉は、これが古き良き時代の慣習の、一時的な再興であることを示している。つまり、自らの資産を社会に還元しようという金持ちは、ハドリアヌスの時代には少数派になりつつあったのだ。そうした価値観の変化は、ローマの平和に陰りをもたらし、やがて帝国の衰退と瓦解《がかい》の一因となったのだが、ここでその話をするのは控えよう。

江戸時代の日本でも、公共事業に有力商人が出資することは少なくなかった。大火で焼失した寺社や町並みの再建を町人たちが担い、なかには私財を投じて運河を拓《ひら》いた商人もいたという。しかし、ローマ貴族の社会還元事業は、それと比べものにならないくらいスケールが大きい。地中海世界一帯からヒト・モノ・カネが集まっていたローマの平和な時代の富は、まさに無尽蔵だったと言えよう。

江戸の暮らしを支えた水

さて、江戸の上水道はどうだったのだろう。

江戸の庶民は、共同の井戸から汲み上げた水を煮炊きや洗濯に使っていた。大江戸捕物帳的なドラマでもお馴染みの光景だが、井戸から汲み上げられる水は、実は地下水ではない。ローマと同じく、上水道で水源からはるばる運ばれてきた水だった。

家康が江戸に大都市を築く際、心を砕いたのが飲料水の確保だった。とりわけ江戸湾を埋め立てて造成された下町エリアは、井戸を掘っても塩を含んだ水が上がってくるばかりで、飲用には堪えなかったことが悩みの種だった。

そこで、十六世紀末に家康の直命を受けた大久保忠行《ただゆき》が高田川から水を引き、「小石川上水」を建設した。その功績により忠行は「主水《もんど》」の名を賜るが、濁音は水が濁るようで縁起が悪いと、彼はあえて「もんと」と名乗ったと伝わる。その後、小石川上水を拡張して、井之頭池を水源とする「神田上水」が整備されたが、急激な人口増加で飲用水不足が深刻化すると、十七世紀半ばには「玉川上水」の開削工事が始まった。その大役を担ったのが、町人の庄右衛門・清右衛門兄弟である。

幕府の公金七千両に加え、彼らは三千両もの自己資金を投じ、半年以上をかけてこの大事業を完遂《かんすい》する。羽村《はむら》の堰《せき》から四谷大木戸まで、距離にして四十三キロメートル。アッピア水道の二・五倍である。しかも、水源と江戸市中の標高差は百メートル足らず。つまり、一メートルあたり換算二ミリメートルほどの傾斜をつけることで、水が滞りなく流れ下るようにしたのだ。その測量技術と設計の緻密《ちみつ》さは驚嘆に値する。

玉川上水が完成した翌年には、虎ノ門までの地下水路も通り、おかげで江戸の庶民は不自由なく飲料水を確保することができるようになった。その後も、本所、青山、三田、千川の四上水が開削され、神田・玉川と共に「江戸六上水」と呼ばれるようになる。とはいえ、後発の四上水はいずれも十八世紀末に廃止されているので、実質的には神田・玉川の二上水で百万都市江戸の市中を潤していたことになる。

上水建設の功績により、兄弟は「玉川」姓を賜り、上水の維持管理を行う水元役を務めることになるが、わずか三代で罷免されて江戸から追放されてしまう。水道使用料に当たる「水銀《みずぎん》」の徴収を巡って不正があったらしいことや、水元役としての仕事を怠っていたことが発覚したためである。

堰や水門を修復したり、川底に堆積した砂利や汚泥を浚《さら》ったりと、上水のメンテナンスには莫大な費用と人手を要する。そのため、江戸の水は無料ではなかった。とはいえ、費用の八割を武家、二割弱を寺方《てらがた》が負担していたので、町方が「水銀」として支払っていたのは全体の一％以下に過ぎない。無料同然と言ってもいいだろう。

それでも江戸の上水は貴重だったので、その使用は飲み水や煮炊きに限られていた。蛇口をひねりさえすれば、いつでも水が飲めて、飲用に耐えうる水を洗濯にも掃除にも惜しげもなく使う現代人からすると、不自由で後進的な感もあるだろう。だが、それはとんだ思い違いである。江戸の水環境は、同時代のヨーロッパと比べると極めて先進的だった。

玉川上水ができた頃、パリではセーヌ河から水車で揚げた水を、そのまま水路で市中に配っていた。当然、ヨーロッパで風呂文化が発達する由もない。浄水の確保に関して言えば、産業革命が始まった頃のヨーロッパと比べても、江戸は遥かに上を行っていたのである。古代ローマに至っては、江戸以上に豊かな水環境を千五百年も前に実現していたわけだから、その技術力と経済力は凄まじいという他ない。

日本人とローマ人の意外な共通点

古代地中海世界には、ローマ以外にも上水道を整備していた国がある。ギリシアやカルタゴには今も往時の水道橋が残っているし、規模は小さいながら、エトルリアも早くから上水インフラを整えていた。飲用に堪えうる水の確保が重要であることは、あらゆる国の人間が分かっていたのだ。

ローマ人は、自分たちの優秀さを語る際、ローマ法の完全無欠と土木建築技術の高さを誇る。難癖をつけるようだが、実はいずれもローマ人がゼロから発想したものではない。ギリシア人やエトルリア人から学んだことを発展させたに過ぎないのだ。

もともと黎明期《れいめいき》のローマは、地中海世界では後発の弱小国だ。技術移転を期待して、エトルリアから王を迎えたこともある。そうやって先進諸国の知恵を借りつつのし上がってきたわけだが、やがて彼らはアーチ状の構造をもつ巨大な水道橋を紀元前に建造し、二千年もの長きにわたって持ちこたえるほどの強度と美しさを具現した。これはギリシアもエトルリアも成し得なかった快挙である。

この事実は、日本人とローマ人の比較をする際に面白いポイントとなるだろう。日本人はオリジナリティがないとよく言われるが、実のところローマ人も同じだからだ。

オリジナリティは乏しいかもしれないが、ローマ人も日本人も、他国の先進的な文化や技術をどんどん吸収し、模倣し、独自に改良を加えていく。最終的には、オリジナルよりも高度なものを、オリジナルよりも大規模に展開していくのだ。物事をソフィスティケート（洗練化）していく能力は、古今東西の歴史を見渡してみても、両者がずば抜けているように思える。

戦後のひと頃、「メイド・イン・ジャパン」は粗悪な模造品の代名詞だった。それが半世紀も経たないうちに、高性能・高品質を証するブランド名として世界に認められるようになったのは、日本人がソフィスティケートする能力に優れていたからだろう。近年は以前ほどのブランド力はないが、それでも日本人のソフィスティケート能力は、スポーツや文化から科学技術まで、様々なジャンルで発揮されている。

唯一無二のオリジナルを創り出す能力は称賛されるべきである。掛け値なしに素晴らしい。同時に、物事をソフィスティケートする能力も決して馬鹿にしてならない。何事も模倣から始まるのだ。世界で最も長く平和な治世を維持した古代ローマと江戸日本、両国の人々が共通して持っていたソフィスティケート能力の価値を今一度見直したいものだ。

なぜ「テルマエ」は絶えたのか

大江戸の庶民を癒やした湯屋は、やがて私たちがよく知る銭湯へと形を変え、現代にまで生き残っている。しかし、ローマの豊かな風呂文化は、帝国の滅亡と共に雲散霧消してしまった。ヨーロッパを旅すると、都市に銭湯施設がないのはもちろん、それなりのホテルですらバスタブがないことに気づく。ホテルで浴槽に浸かりたければ、予約の際にわざわざ確認しなければならない。

なぜヨーロッパから浴槽や浴場の文化が消えたのだろうか。実はローマのテルマエは、四世紀頃から衰退の一途を辿っていた。ローマ人が風呂に飽きたわけではない。テルマエという巨大インフラを維持することが、財政的に困難になったのである。

テルマエは、日々大量の水と燃料を消費する。清掃、サービス、メンテナンスなどに大勢のスタッフ——すなわち奴隷が必要になる。タダ同然の料金で庶民に大盤振る舞いしていたわけだから、戦《いくさ》に明け暮れ、国力が衰えれば赤字転落は必至だ。さらに、国力の衰退と共に、水道インフラも十分にメンテナンスすることができなくなり、肝心な風呂水を確保することも困難になった。

財政だけが問題ではない。より大きな要因として考えられるのが、キリスト教の影響だろう。

キリスト教が広まるにつれ、人前で裸を晒《さら》すことへのタブー意識が次第に醸成されていったことはよく知られている。しかし、キリスト教が公衆浴場を禁じたという確たる記録はない。中世ヨーロッパで教会が公衆浴場の閉鎖令を出したことはあるが、おそらくそれは、男性の同性愛を育む場になっていたことに対する措置だったと思われる。

ローマ人は、ギリシア人ほどホモセクシュアルに寛容ではなかった。かねてよりテルマエでの同性愛行為が問題視されていて、そこに厳しい目を向けたのがキリスト教だったのだろう。キリスト教の広まりと反比例するように、ローマの繁栄にも翳《かげ》りが見えはじめ、やがてテルマエ運営が立ち行かなくなった。そうした複合的な要因により、公衆浴場は自然消滅していったのだと思われる。

日本人が風呂好きな理由

一方、江戸で生まれた湯屋はソフィスティケートされ、どんどん進化しながら、今なお現役で私たちを癒してくれる。

なぜ日本人はこれほどの風呂好きなのだろう。真っ先に思い浮かぶ理由は、湿度の問題であろう。日本はヨーロッパよりも湿度が高く、特に夏場は、木陰に逃げ込んでも熱気でぐったりしてしまうくらいだ。体にまとわりつく汗を流してさっぱりしたいという欲求は、からっとした暑さのヨーロッパで暮らす人たちよりも強いだろう。

加えて日本は、山に覆われた降雨量も多い国で、きれいな水を確保しやすいという事情もある。以前、早稲田大学で教鞭をとっていた際に地質学の先生に「日本は、きれいな水が潤沢にあって緑も豊か。これで地震がなければ本当にいい国なのに」と水を向けたことがある。すると、すぐに「きれいな水が潤沢にあるのは地震や火山のおかげですよ」と返され、それはそうだと破顔したものだ。その先生曰く、きれいな水が湧き出てくるのは、一定のサイクルで地震に見舞われ、地下水がシャッフルされるためだという。地震がなければ、シベリアのツンドラのようになってしまうと聞いて驚いた。

イタリアも火山の多い地域で、時折、地震も発生する。手近な川の水ではなく、シャッフルされた山間のきれいな水を引いてきたのはローマ人の英断だった。

さらにイタリアでは、日本と同じように、火山の恵みである温泉も活用している。文献をひも解くと、ナポリ近郊に温泉を利用した湯治施設があったようだ。サルディニアにあるローマ時代の公衆浴場跡でも、水溜まりに温泉が湧いていて、水温は五十度近くあったことが分かっている。

ドイツのバーデン＝バーデンをご存じだろうか。ヨーロッパ有数の温泉リゾートだが、実はローマ帝国時代の遺産である。バーデンとは「入浴する」という意味のドイツ語で、皇帝も湯治に訪れたという街の中心部には、ローマ風呂の跡が残っている。同じドイツには、かつてローマ帝国の属州だったツュルピッヒという町にテルマエの遺跡があり、温度の異なる三つの浴室があったことが分かっている。

属州も含めた帝国全土で、山間から浄水を引いたテルマエを建設し、温泉も積極的に利用していたことを考えると、これはただ身体を清潔に保つだけが目的とは考えにくい。入浴によって体を温め、体調を整えることを強く意識していたのではないか。

ローマには「風呂好きだから医者は暇」という諺《ことわざ》がある。古代は疫病が頻発していた時代である。もしローマ人に入浴習慣がなければ、事態はもっと深刻になっていたかもしれない。正確なデータがない以上は想像になるが、入浴習慣が定着していた帝政期のローマ人は、同時代の他国民よりも平均寿命も長かったのではないか。

いずれにせよ、体を温めて健康に悪いことはない。歴史に思いを馳せながら、湯船に浸かるのもまた一興だろう。

3 諧謔精神の爛熟——諷刺詩と川柳・狂歌

江戸の川柳コンテストは大盛況

日本は詩歌の国である。

七世紀末から八世紀にかけて編まれた『万葉集』には、皇族から防人《さきもり》までが詠んだ歌が収載されている。同時代に書かれた日本最古の歴史書『古事記』も、物語を伝える地の文と歌で構成されており、スサノオが詠んだとされる日本初の歌「八《や》雲《くも》立《た》つ出《いず》雲《も》八《や》重《え》垣《がき》妻《つま》籠《ご》みに八重垣作るその八重垣を」が収められている。日本という国は、詩歌の伝統と分かち難いのだ。

その後、歌の文化は皇族や貴族によってソフィスティケートされ、複数の人が連ねるように詠んで一つの歌にする、連《れん》歌《が》のスタイルが発達した。その延長線上にあるのが、遊びの要素を加味した俳諧連歌だ。江戸時代に大きく花開いた文芸である。

もともと俳諧とは、「戯れ」「滑稽」という意味の漢語である。室町・戦国時代の連歌師である山崎宗鑑が、それまで座興（戯れ）として作られ、捨て置かれていた歌を集めて『犬筑波集』を編み、独立した文芸ジャンルとして示した。これが俳諧連歌の始まりとされる。

その宗鑑が、ある人に「切りたくもあり切りたくもなし」という下の句に、上の句を付けるよう求められた。宗鑑は「盗人をとらえて見れば我が子なり」「さやかなる月をかくせる花の枝」「心よき的矢の少し長いをば」の三つを上の句として付けてみせ、出題者を唸《うな》らせたという。

家康が天下を取って戦乱の世が終わると、この「前句付《まえくづけ》」――お題の七七の前に、五七五の上の句を付ける歌遊び――が巷で大流行した。現代の俳句コンテストさながら、多くの人たちが「入花料」と呼ばれる参加費を払って投句したという。入選すると賞品がもらえたほか、入選句は印刷されて配布された。

今に残る川柳は、この前句付コンテストの選者（点者）、柄井《からい》正通《まさみち》の俳号「川柳」にちなんだ呼び名である。彼は「万句合《まんくあわせ》」と呼ばれるコンテストを、毎月三回、三十年間も続けたという。

前句付には季語を盛り込む決まりもなければ、貴族的な連歌の素養もいらない。世事世相を斜に見て皮肉ったり、身近な由無《よしな》し事を面白がったり、自由に楽しめたのが庶民に受けた。川柳は、江戸時代を通じて裾野を大きく広げていった。往時の代表句と言われる「本降りになって出ていく雨宿り」や「これ小判たった一晩ゐてくれろ」などは、現代人でも共感する作品だ。

権力をからかうような句もある。「すでの事柳百本に成る所」は、徳川五代将軍綱吉に重用されて大出世し、下級役人から甲斐十五万石の領主となった柳沢吉保《よしやす》を揶揄《やゆ》した川柳である。なべて役人はカネに聡《さと》かったようで、「役人の子はにぎにぎをよく覚え」という句も残っている。

カネがらみで、もう一句。「罪なこと仲条蔵をまた一つ」は、中条流と呼ばれていた中絶専門医を揶揄したものだ。中条流は、もとは秀吉の家臣・中条帯刀《たてわき》を祖とする産婦人科系の流派だ。江戸時代に入ると享楽に浮かれる人々の間で堕胎手術の需要が増えたのか、荒っぽい術法であるにもかかわらず、中条流は「また一つ」蔵を立てるほど繁盛した。

皮肉ばかりではない。なかにはしんみりしてしまう川柳もある。「南無女房ちちを飲ませに化けて来い」という句は、乳飲み子を残して先だった妻に、化けてでもいいから乳を飲ませに出てきておくれと呼びかけている。乳飲み子にかこつけて、寂しさを詠っていて涙を誘う。

見立ての面白さを競う狂歌

江戸時代の庶民は、川柳づくりを大いに楽しんだ。特筆すべきは作品の傾向で、役人や金持ちを皮肉ったり、庶民の生活を自虐的に笑い飛ばしたりと、実に多様な作品が残っていることだ。それも、泰平の江戸で繁栄を享受《きょうじゅ》できたからだろう。生きるか死ぬかの状況では、ユーモアどころではない。ちなみに、滑稽味と洒落《しゃれ》っ気を旨とする五七五の自由句を「川柳」と呼び習わすようになったのは、明治時代以降のことで、当時は柳風狂句、あるいは川柳点などと呼ばれていたようだ。

柄井川柳が前句付点者として一世を風靡《ふうび》した江戸時代中期、やはり滑稽味を盛り込んだ「狂歌」も市中で大流行している。狂歌は、短歌の古典や伝統を踏まえた文芸で、ある程度の知識・教養が求められるので、どちらかと言えばインテリの遊びと言えよう。川柳の五七五に対し、狂歌は五七五七七の三十一音。気の利いた比喩で日常を諧謔《かいぎゃく》的に詠んだり、『古今和歌集』などの古典に編まれた名作のパロディを展開したりして楽しんだ。

パロディ系狂歌の代表例とも言えるのが、「いかほどの洗濯なればかぐ山で衣ほすてふ持統天皇」（大田南畝《なんぽ》）だろう。持統天皇が詠んだ「春過ぎて夏来にけらし白妙の衣ほすてふ天の香具山」のパロディである。香具山に干された白い衣に夏の到来を感じて詠まれた和歌に対し、南畝は「山にまで干すなんて、一体どれほどの洗濯物を持ってきたのか」と皮肉っているわけだ。

政権批判の作品もある。「白河の清きに魚のすみかねてもとの濁りの田沼恋しき」は、よく知られる狂歌だろう。白河藩主の松平定信が幕府の老中となって断行した寛政の改革があまりに厳しかったため、汚職まみれながらも華やぎのあった田沼意次時代を懐かしんでいるのだ。

比喩の巧さで言うと「泰平の眠りを覚ます上喜撰《じょうきせん》たった四杯で夜も眠れず」も印象的である。上喜撰は上等のお茶、たった四杯でも眼が冴えてしまって眠れない――と詠いつつ、上喜撰は蒸気船、四杯は四隻に掛けている。つまり、ペリー率いる黒船来航でおたおたしている世相を茶化しているわけだ。こうした見立ての面白さ、切り取り方の巧さを競ったのが狂歌だった。

ローマ人が奏でた諷刺のメロディ

平和な時代が長く続いた江戸では、庶民にも生活のために汗する以外の時間が生まれ、愉快に暮らす余裕や諧謔のセンスが磨かれていった。川柳や狂歌は、そうした状況が生んだ「遊び」と言っていいだろう。この文芸的遊びのムーブメントを牽引《けんいん》したのが、柄井川柳であり大田南畝だったのだ。

同じように平和と繁栄を極めた帝政期ローマも、諧謔的な味わいをたっぷりと含んだ文芸を生み出している。それが「サトゥラ（諷刺詩）」である。サトゥラの語源は、好色な半身半獣の神サテュロスとも、様々な素材を盛り合わせた料理の名にちなんだとも言われるが、ローマ人が耽溺《たんでき》した諷刺詩は、まさに世俗にあふれる悪や愚行を詰め込んだ坩堝《るつぼ》のような文芸だ。ルーキリウス、エンニウス、ホラティウス、ペルシウス、マルティアリス、ユウェナリス。数多《あまた》の諷刺詩人の作品が今に伝わっている。

ホラティウスは、アウグストゥス帝の時代に活躍した、南イタリア出身の詩人である。名誉や財力、食欲から性欲まで、自らの欲望の奴隷となった人間の有様と愚かさを暴き、戒めるような詩を多く書いた。

「ガツガツ利を追うのは、そろそろ止めにするがいい。財産ができたら貧乏を恐れずに暮らしていけるのだから、そうなったら仕事は止めるがいい」

要するに「足るを知れ」と言いたいのだろう。しかし中には、有閑マダムの間男になれば、働かずとも情欲にどっぷり浸《つ》かれると考える輩《やから》もいた。そんなジゴロ志望者にもホラティウスは忠告する。

「間男どもの成功を羨《うらや》ましいと思うなら、耳を洗ってよく聞くがいい。彼らが四方八方で散々苦労していることを。邪道の楽しみは、もれなく苦労を伴い、しかも、ほとんどものにならず、えてして危険な目に遭って、損をするのが関の山」

　ホラティウスは、ある意味で幸運の人だった。不遇をかこう時期もあったが、ローマの大富豪でアウグストゥス帝のブレーンだったガイウス・マエケナスがパトロンとなってくれたおかげで、ホラティウスは詩作に専念できるようになり、アウグストゥス帝や上流階級の輪に近づく機会を得ている。ちなみに、企業による芸術文化支援活動をさす「メセナ」という言葉は、文芸保護に尽力したことで知られるマエケナスに由来するフランス語である。

　ホラティウスは、金の亡者や人々の浅知恵を冷ややかに揶揄した「冷笑」の詩人と言えよう。これに対し、より痛烈に「嘲笑」したのがマルティアリスである。彼の詩は短く、ウイットを利かせたオチに特徴がある。

「なぜ私が金持ちの女を妻に欲しがらないかって？　私は自分の女房を旦那に持ちたかないんだよ」

　金持ちの女房をもらうと、家の中では彼女が旦那となり、自分が女房のようにかしずくことになる。そんなのはまっぴら御免《ごめん》というわけだ。

マルティアリスは、研修医をぞろぞろと従えてくる藪医者や、巷で見かけた小賢しい奴、些《さ》細《さい》なことで激昂《げきこう》する輩などを一刀両断する詩も残しているが、彼が何より忌み嫌ったのは、慎みを知らない有閑マダムだった。ホラティウスのように「止《や》めておけ」と突き放すのでは飽き足らず、「まっぴら御免だ」と斬り捨てるのが彼らしい。

スペイン出身のマルティアリスがローマで生活の基盤を整えることができたのは、同じスペイン出身の哲学者セネカによるサポートがあってこそと言われる。セネカはネロ帝のブレーンとして政界に大きな影響力を持っていたが、やがて失脚してネロから自決を命じられる。マルティアリスが詩人として活躍するのは、それからややあってのことだった。世の中の不条理やスキャンダルを嫌というほど見てきた彼の詩が、ときに痺《しび》れるような毒を含んでいるのも頷ける。

詩人として評価を得たマルティアリスは、修辞学者として名高いクィンティリアヌスや、文人政治家の小プリニウスをはじめ、上流社会の人々とも交流した。その中には、二十歳下の詩人ユウェナリスも含まれていた。

世直しを企んだ詩人ユウェナリス

ローマ近郊に生まれ、弁護士でもあったユウェナリスは、ローマに家を構えていたのに加え、東方のティヴォリに農地を持っていたという。その作品にパトロンや支援者への献辞がないことからも、上流社会の一角にいた人物だったと推察される。

しかし、その詩に紡がれた言葉はマルティアリスよりも遥かに辛辣《しんらつ》である。「姑《しゅうとめ》が生きている限り、平和のあらゆる望みを捨てよ」というのはまだ穏やかなほうだ。彼の諷刺詩は、ウイットを利かせた揶揄ではなく、愚行や悪徳を徹底的に糾弾《きゅうだん》する。

「最悪なのはストア派の英雄。ヘラクレス風の話し方で、狂気の言動を非難し、美徳について語りながら、実は尻をふっているような連中だ」

マルティアリスの恩人セネカは、ストア派の哲学者だった。ユウェナリスの生きた時代になると、「口先だけ」のストア派哲学者が跋扈《ばっこ》し、それが彼には我慢ならなかったのかもしれない。

ユウェナリスの舌鋒が最も冴えわたるのは、やはり思慮のない女性を俎上《そじょう》にのせた時だろう。

「女房がベッドに入ってくると、必ず諍《いさか》い喧嘩が起こる。夫は眠れたものではない。夫にきつくあたる彼女たちは、子を盗られた牝トラよりひどい。己の密通に気が咎めながら、逆に夫から欺かれたふりをして、奴隷たちを罵り、居もしないお妾さんを妄想・創作して泣く」

　こうして作品に触れると、ユウェナリスは偏屈な詩人のように思えてならないが、これは彼の戦略だったように思う。詩人がここまで徹底攻撃すれば、聴衆は共感や同調するよりも先に「そこまで言わなくても……」と一歩引いてしまう。ユーモアというオブラートで包まれた調べは、心地のよい風のように通り過ぎてしまうが、ユウェナリスが奏でる大音量の不協和音は、トゲとなって聴衆の心に深く刺さる。このトゲを抜くには自省が必要であるし、周囲にも改心を促すことが求められる。

　そうやって世人を動かすことが、よりよい社会を築くことにつながるとユウェナリスは考えたのだろう。ユウェナリスの諷刺詩は、世直しの劇薬と言ってもいい。

「冷笑」のホラティウスから、「嘲笑」のマルティアリス、そして「義憤」のユウェナリスへ。三人の詩風の変化は、廃頽《はいたい》していくローマの姿を映しているとも言われるが、私はその逆だと考える。諷刺詩が、より積極的に世の中に働きかけ、人々の言動や社会を変えるツールとなったということは、社会に健全な批判精神が育まれたことの象徴ではなかろうか。豊かさを享受したからこその文芸なのである。

ローマ人のギリシア・コンプレックス

ローマ人は、諷刺詩という文化を創り上げたことに強い誇りを持っている。

ローマ人は、長年、ギリシア人に対して強いコンプレックスを抱いていた。実際、哲学や医学を筆頭とする学問の領域においても、詩歌・演劇・彫刻といった芸術に関しても、ギリシアは遥かにローマの先を行っていた。ローマ人が懸命に努力しても、ギリシア人には及ばなかったのだ。

たとえば、ローマで活躍していた医者の多くはギリシア人だった。皇帝の典医を務めたガレノスもギリシア人である。彼は、主著『身体諸部分の用途について』をはじめ、解剖学から哲学に至るまで、膨大な数の著作を残しているが、それらはすべてギリシア語で書かれている。

軍事的にはギリシアを圧倒し、帝政期には支配下に置いていたものの、ローマ人のギリシア・コンプレックスはついぞ消えることがなかった。ホラティウスが詩に綴った「捕らえられたギリシアは、野蛮《やばん》な勝利者を捕らえた」という言葉は、いかにローマが強大な帝国となっても、ギリシア人には勝てないという思いがあったことを物語る。

　そんなローマ人が唯一、自分たちのオリジナルな文化として誇りにしていたのが諷刺詩だった。もちろん、ギリシアにも詩歌の長い歴史がある。前八世紀の吟遊詩人ホメロス作と伝わる『イリアス』と『オデュッセイア』は、西洋文学における最初期の作品として、今なお燦然《さんぜん》たる輝きを放っている。

　しかし、帝政期の平和なローマに興隆したのは、ギリシア伝来の高尚な詩歌ではなく、人間の愚かさや卑しさと戯れる、いわば「諧謔の詩歌」だった。神々の崇高を高吟し、世の不条理を詠嘆するのではなく、日常の現実を、ときに笑い、ときに唾棄《だき》しつつ、人間の本質を突く。これはローマに花開いた新しい文芸だった。

　ローマの諷刺詩は、ギリシア喜劇の精神に倣って創られたとも言われる。前五世紀から前四世紀にかけて活躍したギリシアの喜劇詩人アリストファネスの作品をみると、確かにパロディを織り交ぜつつギリシア社会を諷刺したものがある。

　たとえば『女の議会』という作品では、女人禁制だったアテナイの民会に女性たちが男装して潜り込み、女性に有利な決議を勝ち取る様子が皮肉まじりに描写される。また、この作品と共に女三部作と言われる『女だけの祭』や『女の平和』も、ギリシア人の皮肉精神を感じないわけではない。

しかし、ギリシア人が総じて好んだのは壮大な悲劇だった。アリストテレス曰《いわ》く、悲劇が優者を描いているのに対し、喜劇が面白おかしく描いているのは愚者に他ならない。他人をからかって笑うのは卑しい行為であり、自分の至らなさに涙し、深く自省することで魂を浄化してくれる悲劇こそ、鑑賞に値する芸術である。確かに、ギリシア人にはそう考える傾向があった。

翻ってローマでは、悲劇はほとんど人気がなかった。現在もイタリア人は陽気な国民と言われるが、帝政期のローマ庶民も、辛気臭いものより、明るく笑って精神を開放できるもののほうが性に合っていたのかもしれない。諧謔精神を花開かせたのは、間違いなくローマ人である。

落書きが物語る批判精神

諷刺や諧謔の精神は、帝国の地方都市にも広まり、次第に庶民にも浸透していった。そのことを雄弁に物語るのが、町のあちこちに残る「落書き」である。とりわけポンペイの遺跡に残る落書きには、ユーモラスな諷刺から、直球の悪口、ひねりの利いた毒舌まで、世事や風評が面白おかしく表現されていて興味深い。

かつてはローマの街も、こうした落書きで溢れていたはずだが、落書きの痕跡はよほど注意して保全しなければ、すぐに風化してしまう。その点、ヴェスヴィオ山の大噴火で街全体が火山灰に埋もれてしまったポンペイには、古代の町並みが落書きもそのままに残っている。競技場の塀や民家の壁などに記された落書きの数は、実に一万数千点におよび、当時の庶民の肉声を生き生きと今に伝えている。

落書きの内容は多岐にわたる。贔屓《ひいき》にしている剣闘士を褒めちぎったり、逆に対戦相手をコケにしたりするのは当たり前だ。恋のライバルを呪うような落書き、気に入らない店の悪口などに交じって、公職選挙がらみの落書きも二千点近く確認されている。当時の落書きは、今で言う選挙ポスターのような役割も果たしていたのだ。

「ウァティアを治安委員としてコソ泥仲間は推薦する」

警察官のような役割を果たしていた治安委員に推挙されたウァティアが、実は裏でコソ泥たちと通じているということを暴いたものか。あるいは、ライバル陣営がウァティアなる人物を貶《おとし》めるためにでっち上げたのか。真相は藪の中だが、選挙がらみの舌戦は興味をそそられる。

地元の有力者や皇帝でさえも、落書きのターゲットになった。ポンペイには「ネロ、オレステス、アルクメオン。母親殺し」という落書きが残っている。『イリアス』に登場するオレステスは、父アガメムノンを殺《あや》めた母とその情夫を殺害した人物。ギリシア神話の登場人物アルクメオンは、父が黄金の首飾りに目がくらんだ妻（つまりアルクメオンの母）に嵌《は》められて落命したのち、父の遺言に従って母を殺している。ネロは、自分を皇帝にするため手を尽くしてくれた実母アグリッピナが、だんだん疎ましくなり、結局は殺害してしまう。先の二つは神話上の出来事だが、ネロの事件は実際に起きたことである。

アグリッピナが殺害されたのは五九年、ネロが自刃したのが六八年のことだった。ポンペイの街が火砕流によって地中に埋もれたのは、その約十年後と推定される。この落書きがいつ書かれたのかは定かでないが、不幸な最期を遂げた後も落書きのネタとして衆目に晒されるほど、ネロの母親殺しは大事件だったのだろう。古代世界では、いかなる事情があるにせよ、親殺しは言語道断の大罪だったのだ。

落書きは、歴史的事実を叙述したものとは限らない。しかし、だからこそ貴重な史料になると言える。

古代ローマ史の研究者が史実を辿る上で参照するのは、『同時代史』や『年代記』といったタキトゥスの著作である。スエトニウスという歴史家が、巷に流布《るふ》する噂話を集めてそのまま書き残しているが、史実を確認するには適していない。

だが、どうだろう。タキトゥスの偉大な歴史書は、あくまでもタキトゥスの歴史観に基づいて整理されたものである。当時の人々が何を考え、どう感じていたかを知るには、スエトニウスの噂話集を読むほうがよい。「素材そのまま」の強さはそこにある。以前は、噂話などは歴史の研究対象にはならないと切り捨てられる傾向にあったが、二十世紀後半から再評価が進み、史料として大きな注目を集めるようになった。

日本にも「落書《らくしょ》」の記録が残っている。後醍醐天皇が鎌倉幕府を倒し、親政を打ち立てた頃に、京の二条河原に掲げられたものはあまりに有名だろう。「此比《このごろ》都ニハヤル物　夜討《ようち》強盗謀綸旨《にせりんじ》」という書き出しで始まる、長文の落書きである。綸旨とは命令書のことで、偽物の命令書が巷に溢れていたことが分かる。後段でも巷に跋扈《ばっこ》するものを七五調で並べたて、ここに書き連ねたものは「京の人々の口端《くちは》にのぼった噂のごく一部」と結ばれている。人々の不平不満がよく表れているではないか。

週刊誌のきわどい見出しやワイドショーのゴシップ報道が、ある意味で時代の空気を映しているように、落書きもその時代を知るヒントとなるのだ。ローマ人が落書きを残さなかったら、当時の風俗研究はだいぶ遅れていただろう。

集って競う日本人、突発的に楽しむローマ人

それにしても、なぜローマで諷刺詩や落書きが、江戸で川柳・狂歌の文芸が隆盛したのだろうか。その理由を考えていくと、他者へ関心を向けざるを得ない社会のあり方が見えてくる。

都会に暮らす現代人は隣人に無関心で、マンションの隣に誰が住んでいるのか知らないことも少なくない。それでも問題なく暮らせるのだ。しかし、泰平の江戸や世界帝国の首都ローマは、百万の民草《たみくさ》がひしめき暮らす大都市でありながら、互いに無関心ではいられない社会だった。言い換えれば、彼らの日常は社会や他者への関心、好奇心にあふれていた。

諷刺詩、落書き、川柳・狂歌は、他者との関係性から生まれる。他者に関心を寄せ、自分の身上と引き合わせながら残す文芸と言ってもいい。こうした文化が庶民にまで広がるにつれ、諧謔の精神も爛熟していったのではないか。

ところが、こうした新しい文芸の楽しみ方は、江戸とローマでだいぶ違ったようだ。古来、日本には歌会の伝統がある。江戸の川柳や狂歌の愛好家も、師匠のもとに参集して添削を受けたり、あるいは仲間同士で品評し合ったりしながら楽しんでいた。先述したとおり、万句合と呼ばれる賞品付きの川柳コンテストも頻繁に開かれていた。

加えて、江戸時代中期は出版ビジネスが急成長した時期でもある。喜多川歌麿や東洲斎写楽らをプロデュースした出版界の鬼才・蔦屋重三郎《つたやじゅうざぶろう》は、大田南畝とほぼ同世代である。重三郎は「蔦唐丸《つたのからまる》」という狂歌号をもつ粋人で、浮世絵版画のみならず、狂歌本や洒落本《しゃれぼん》でも次々とヒットを飛ばしていた。

柄井川柳も、「呉陵軒可有《ごりょうけんあるべし》」という酔狂な名の編者と共に、川柳集『誹風柳多留《はいふうやなぎだる》』を創刊した。同誌は、幕末まで毎年のように刊行されていたという。腕を磨けば自分の名前と作品が載るかもしれないとなれば、当然、歌づくりにも力が入る。モチベーションを刺激された庶民が、競うように歌遊びに没入したのも頷ける。

一方のローマ人は、集って競い合うことをあまりしなかった。小劇場で催される朗読会で諷刺詩を聴いて楽しんだりはしていたが、庶民が自作の詩を発表して、その出来を競い合ったという形跡は見当たらない。そうした切磋琢磨の精神が強かったのは、むしろギリシア人だ。アテナイで上演された悲劇は、数人の悲劇詩人による競演という形をとり、聴衆の投票で優勝者を決めていた。

ローマの庶民は、優劣を競ったり、グループを作って楽しんだりするのではなく、思い立った時に各自が自由に落書きして、ゲリラ的に楽しんでいたのではないか。ヨーロッパは今でも落書きが多く、なかでもイタリアは落書き大国として知られる。ローマで落書きを規制したら、一日に何百人捕まるか分からないくらいだ。

落書きという形で発表されたものを、通りすがりに読んでくすりと笑ったり、自然発生的にできた人だかりで討論したりして、豊かなコミュニケーションを広げていったのだろう。出版文化が興隆する遥か以前の都市だから、建物の壁を発表の場として、諧謔の批判精神やキャッチーな表現に磨きをかけていたのだ。

ユーモアが失われた現代

楽しみ方のスタイルは違っても、諧謔の詩歌を楽しむだけのゆとりがあったことは、江戸とローマの大きな共通点である。口に糊《のり》するだけでなく、暮らしの楽しみを見つけるゆとりがあり、さらに言えば、川柳や落書きの短い文章に暗喩《あんゆ》や「見立て」が分かるだけのリテラシーや素養を庶民が備えている。前近代社会では特筆すべきことだろう。ヨーロッパには、諷刺や諧謔の伝統が今も根強く生きている。週刊誌の表紙やテレビCMなどはもちろん、国家元首の演説をとってみても、エスプリが利いてにやりとさせられることが多い。

それは、ヨーロッパが誇る伝統と言えるかもしれない。実は、古代ギリシア時代のスパルタ人でさえ、気の利いた受け答えをする訓練を受けていたという。

軍国主義で知られるスパルタの代名詞は、規律と精神力を徹底的に叩き込む教育だ。スパルタには文化がない、と耳にすることも多い。かつて私もスパルタを訪ねたが、文字通りの片田舎で、遺跡らしい遺跡もなく、博物館も小さくて、見事なまでに見るべきものが少なくて驚いたくらいだ。だが、スパルタ人はそれを当然だと思っていた。彼らにとって、軍事強国となることが唯一無二の目標であり、文化や読み書きは二の次である。したがって、文字史料もほとんど残っていないのだ。

そんなスパルタでも、会話の瞬発力は鍛えていたというから驚きである。こんな小咄《こばなし》がある。アテナイ人から「スパルタ人は教養も文化もない」と馬鹿にされたスパルタの王は「仰る通りです」と言って、こう続けたそうだ。

「私たちは、貴方がたの悪弊を学ばなかったので」

いかにも痛快である。

現代日本を見ていると、ユーモアを交えて切り返したりするスキルだけでなく、ユーモアをユーモアとして受けとめるリテラシーや心の豊かさを失っているように思えてならない。時折交わす議論も、言い負かすか言いくるめられるかの小競り合いになっていて、諧謔の精神が見られないから残念だ。

泰平の江戸に川柳や狂歌の文化を花開かせたように、改めてユーモアの価値や心のゆとりを取り戻したいものである。議論するにしても、結果は八勝七敗ぐらいでちょうどいいと思うのだが。

4 読み書きの愉しみ——図書館と貸本屋

中世の王様は文盲だった？

古代ローマの庶民は街角の壁に落書きして鬱憤を晴らし、江戸の庶民は川柳を詠んで楽しんでいた。つまり、彼らは「読み書き」ができたのである。

ポンペイをはじめ、ローマ時代の遺跡に残る数多《あまた》の落書きを見ると、相当なレベルで読み書きができていたことが分かる。母語であるラテン語はもちろん、なかにはギリシア語で書かれたものもあった。今の日本になぞらえて言えば、英語や中国語を使って気の利いたジョークを落書きし、読んだ人もそれを解したということになるだろうか。単に「読み書きができた」というだけではない。

現代人が使っているスマホやパソコンは、基本的に識字率が百％近くあることを前提に成り立っているが、今から二千年も前に、庶民が文字を介してコミュニケーションしていたというのは、実に驚くべきことではないだろうか。

歴史を遡《さかのぼ》ると、読み書きは「書記」と呼ばれる人々の、いわば専門スキルであった。文字は、主として王宮の財産や軍備、徴税状況などを記録するために用いられ、詩歌や物語などは口承が基本であった。私たちが今、それらを「読む」ことができるのは、後世の人々が文字に起こしてくれたからだ。

専門スキルは、やがて貴族階級や富裕層に必須の教養となり、長く平和な時代が続いたローマでは、それが一般庶民にまで広がっていった。しかし、ローマ帝国の衰退と共に、人々の読み書き能力も低下の一途を辿る。中世ヨーロッパでは、王侯貴族ですら文字を書いたり読んだりできない人が珍しくはなかった。

なぜここまで落ちぶれてしまったのだろうか。理由の一つは、自分で書かなくても、口述すれば誰かが書き留めてくれるからだろう。読みたい本は、誰かに読み聞かせてもらえばいいし、手紙だって音読してもらい、返事は代筆してもらえばいい。当時は、読み書きできることが自慢の種にすらなるほどだった。

もし、古代ローマの元老院貴族で文字が読めない人がいたら大騒ぎになっただろう。ラテン語はもとより、ギリシア語の読み書きができないローマ貴族など考えられない。没落貴族出のカエサルでさえ、ギリシア語を読み、話すことができた。

読み書き能力は、その国や時代の文化レベル、あるいは生活水準を測るバロメーターとなる。ヨーロッパの人々の読み書き能力が上昇に転じるのは、ギリシアやローマの古典古代文化を復興しようとする、いわゆるルネッサンス運動が広まった十四世紀以降だ。それに弾みをつけたのが、十五世紀にグーテンベルクが発明した活版印刷である。

それでも、西欧社会がローマ帝政期ほどの識字率を達成できたのは、ようやく十九世紀に入ってからだと指摘する研究者もいる。それほどローマ人の読み書き能力は突出して高かったのである。

ペリーが驚愕した江戸庶民の好奇心

人類は早くに「文字」を獲得したが、二十世紀に至るまで、大衆レベルの「識字」は実現されなかったと言えよう。前近代社会において、例外的にそれを達成したのが、ローマと江戸である。

ローマに後れること千五百年、江戸時代中期の日本は世界トップクラスの識字率を誇ったと言われる。明治維新後、日本人はトルストイやドストエフスキーの長編小説を熱狂的に受容していくが、十九世紀のロシア社会は、彼らのような文豪が輩出する一方で、農民の識字率は二十%以下だったとされる。ほとんど読み書きができない人たちが、社会の圧倒的多数を占めていたのだ。

川柳ブームをみても分かる通り、江戸の庶民は、単に読み書きができたというだけでなく、知的好奇心も旺盛《おうせい》だった。幕末に来航したペリーは、そのことにたいそう驚愕《きょうがく》したという。
ペリーに難題を突き付けられた幕府は上を下への大騒ぎだったが、外国船の来航を聞きつけた庶民は黒船見物に出かけ、なかには見物船を出して黒船に近づこうとする者もいた。船員がアメリカから持ち込んだものを見せると、役人だけでなく、恐る恐る集まってきた民百姓が目を皿のようにした。学者や支配階級の武士ならともかく、庶民までもが新奇なものに強い関心を示す。並々ならぬ民衆の好奇心にペリーは驚いたのである。

それにしても、前近代社会において、なぜ江戸とローマの庶民だけが突出して高い読み書き能力を獲得し得たのだろう。

庶民レベルの識字を底上げする上で阻害要因となるのは、そもそも教育を受ける機会がないことや、読み書きの習得に必要な筆記具が高価だったことが大きい。加えて、近年の研究では、社会における農村の割合が高いことや、官僚的な仕事が少なかったことも指摘されている。

知識や情報は、文字にされることで初めてまとまった形で伝達され、残されていく。しかし、農村に形成される小さな集落であれば、大抵のことは口伝えで周知することができてしまう。ある程度、コミュニティの規模が大きくなり、伝達の機会や伝達すべき情報の量が増えないと、識字率は上がってこないのだ。

また、前近代社会において、文字による記録が要請されたのは、主として徴税や財政を管理する官僚機構の事務方である。つまり、統治・管理すべきエリアが拡大し、いわゆる「書記」の仕事が増えれば、必要に迫られて読み書きができる人も増えていくわけだ。

前近代に百万の人口を誇った江戸とローマの都は、確かにこの条件を満たしている。全体としては相変わらず農村比率が高かったものの、天下国家の統一を果たした徳川幕府には、諸藩を統括するための周到な官僚機構が整備された。地中海沿岸を中心に広大な地域を征服したローマ帝国の場合は、なおのことそうだろう。

しかもローマの都には、文化や言語の異なる人々が流入し、民間の人的交流も盛んになっていた。都を行き交う人々がラテン語ネイティブばかりではないとなると、時には筆談が必要になる。長期にわたって広大な地域を統治してきたローマ人の読み書き能力は、まさに必要に迫られて高められたのだ。

人々が読み書き能力を鍛えた理由

リテラシー（識字）の程度は、社会や文化のありようを考える上で重要な鍵となる。

中世ヨーロッパで、人々が教会に集い、神父の説法を聞くという習慣が広がったのは、識字率が低かったことと無関係ではない。教会の壁やステンドグラスにイエス・キリストの生涯や予言者たちの姿、あるいは最後の審判の様子や、その先に待ち受ける地獄図が生々しく描かれているのも、理由は同じである。読み書きができなくても、ビジュアルで理解できる意義は大きい。

日本でも、中世の庶民は寺で僧侶の説法を聞き、地獄図に恐れおののき、さらには念仏踊りのような身体性に訴える方法で仏の教えを学んでいった。この「聞く／見る」を軸としたコミュニケーションに「読む／書く」という要素を加味していくには、やはり社会にゆとりが必要となる。それを持ち得たのが、ローマと江戸だった。

とはいえ、読み書きができるようになるには、努力して勉強しなければならない。目的がなければ、学習意欲も湧かないだろう。では、江戸とローマの庶民は、何をモチベーションに読み書きを学んでいったのだろうか。大きく二つの要素があるように思う。

分かりやすい第一の理由は、立身出世のためである。帝政期ローマで公務員のような安定した職業に就くには、読み書き能力は必須であった。江戸でも、多くの書物を読んで知識・教養を深めれば、いい仕事に就くチャンスが開けたし、さらに算盤《そろばん》ができればビジネスチャンスも広がる。当たり前だが重要なことだ。

もう一つの理由は、種々のエンタテインメントを楽しむためである。川柳・狂歌も、諷刺詩や落書きも、文字が読めて、書けて初めて親しめるものだ。

江戸時代に隆盛した浮世絵も、ただ図柄の美しさや面白さを味わうだけではない。画面に盛り込まれた文字をヒントに絵解きを楽しむような作品が、特に江戸後期にはたくさん作られたからだ。たとえば、歌川国芳《くによし》の大判錦絵三枚続『其《その》まゝ地《じ》口《ぐち》猫《みょう》飼《かい》好《こう》五《ご》十《じゅう》三《さん》疋《びき》』は、日本橋から京まで東海道五十三次の宿場名を、猫の絵と、その仕草を表すダジャレで展開した。二本の鰹節に前足を掛けた猫に「二本だし」と添えてあるのは、日本橋という具合である。こうした遊びのある作品は、受け手側にも読み書き能力がなければ楽しむことはできない。

ローマの識字率

こうしてみてくると、江戸やローマの識字率がどれくらい高かったのか、具体的な数字が知りたくなるだろう。しかし、正確に識字率を把握できるようになったのは戦後になってからのことであり、江戸時代や、ましてて古代ローマ時代に識字率調査が行われたはずもない。具体的な数字で語ることは至難である。

そもそも、何をもって「識字率」とするのかも問題だ。現代の識字率を測る場合も、たとえば新聞をスラスラ読んで理解することを「読める」と評価するのか、読めない文字があっても大意がつかめさえすれば「読める」とするのか。「書く」能力の判定は、もっと複雑だ。作文ができることが条件なのか、耳で聞いた文章を書きとることができればいいのか、あるいは自分の名前が書けるだけでもいいのか。厳密に定義しようとすれば難儀なことになる。

とりあえず、普段の生活に支障がない程度に読んだり書いたりできればよしとするならば、現在はほとんどすべての人が「できる」に該当するだろう。そのレベルで言えば、帝政期ローマでは、男性を中心として五十%以上の人が読み書きできたと言われてきた。

この数字に疑義を呈したのが、一九八九年に『古代の読み書き能力』と題する研究書を発表した古代史家ウィリアム・V・ハリスである。リテラシーに関する歴史的研究の嚆矢《こうし》となった同書で、彼はローマ時代の識字率は従来の通説ほど高くないと指摘する。地域差や性差があるため、一概には言えないというのだ。

確かに、帝国内に暮らす圧倒的多数は、毎日仕事に励みつつ、わずかな余暇を楽しんでいた下層の人々である。彼らが、実際にどれほどの識字能力を身につけていたかを推し測ることは難しい。

だが、手がかりがないわけではない。ポンペイに残された大量の落書きである。たとえば、ローマの詩人ウェルギリウスがローマ建国の物語を綴った叙事詩『アエネーイス』の一節が、かなり正確に刻まれている落書きがある。

「軍功と英雄を私は歌う、その人は初めてトロイアの海岸から（後略）」

他にも、次のようなパロディが残っている。

「縮絨工《しゅくじゅうこう》とフクロウを私は歌う、軍功と英雄ではなく」

毛織物はポンペイの主要産品の一つである。当地には縮絨工の組合もあった。フクロウとは、彼らが守護神として崇めた女神ミネルヴァの化身である。この替え歌を縮絨工が落書きしたのだとしたら、彼らは読み書き能力のみならず、教養レベルもそれなりに高かったことになる。その他にも、ホメロスの『イリアス』を引用したギリシア語の落書きもあれば、ギリシア語で回文遊びをしている落書きもある。これはかなり高度である。

ポンペイには、公職選挙ポスター的な落書きが二千点ほど残っている。その表記は正確で、美しく整った字で書かれている。こうした選挙ポスターや剣闘士興行の広告の多くは、誰かが費用を払って専門の職人に塗り書きさせたものだから、読みやすく、間違いがほとんどない。

一方、個人が鉄筆で壁を引っかいて書いた落書きは、誤字や脱字のオンパレードだ。よく日本人はLとRの区別ができないと言われるが、ローマ人も同じだった。落書きの中では、Rと書くべきところを平気でLと書いているものが数多くある。

なぜ間違いだらけなのか。それは、彼らにとって言葉は基本的に「音」だったからだ。自分が喋っている音を、そのままアルファベットに置き換えて書いているのである。まさに日本のローマ字表記と同じではないか。

ローマの庶民にとっての読み書きは、スペルや文法を正確に学んで作文する能力ではなく、普段「音」として伝えている言葉を文字に落とし込めばそれでよかった。この割り切りは、ローマに集まった多種多様な人々と意思疎通を図る上で、大変有効に働いたのではないか。

古代のギリシア語やラテン語からペルシア語、スペイン語、ポルトガル語、英語やフランス語、ヒンディー語まで、いわゆるインド・ヨーロッパ語族の言葉はどれも似通っている。相手の言っていることが聞き取れなかったとしても、アルファベットに換えてもらえれば、おおよそ理解できることも多い。

江戸の識字率

私たち現代人は基本的に本を黙読し、それが当たり前だと思っている。かつてはそうでなかった。中世ヨーロッパの農民は、机の上に置いた書物を睨んでいる修道士を見て、非常に気味悪がったという。

このエピソードは、当時の庶民にとっての読み書きが、音と文字を変換する作業だったことを物語っている。「書く」とは音をそのまま文字で表すことであり、「読む」とは文字を音に変換し、音読するものだったのだ。

幼い頃の記憶を辿ると、私の祖父も新聞をぶつぶつと声に出して読んでいた。近頃は、学習効果を高めるための音読が推奨されたりもしているが、黙読が当たり前になるのは二十世紀も後半くらいからだ。黙読は新しい習慣なのである。

人間は最初から文字を書けるわけではないし、読めるわけでもない。本来、言葉は音なのだ。太古の日本語も、文字を持たない「話し言葉」であった。これを、漢字を借りて記録したのが、日本最古の書物とされる『古事記』である。たとえば、「八《や》雲《くも》立《た》つ」は「夜久毛多都」、「倭《やまと》は国《くに》の真秀《まほ》ろば」は「夜麻登波久爾能麻本呂婆」という具合だ。

音を文字に置き換える作業は、アルファベット文化圏では比較的容易だ。現代の英語アルファベットは二十六文字だが、ローマのアルファベットにＪ、Ｕ、Ｗはなく、ＹとＺはギリシア語の言葉を表記する際にしか使わないので、基本は二十一文字だった。しかも、小文字が登場するのは帝国滅亡後の九世紀だから、ローマ時代はすべて大文字である。

これに対し、漢字文化圏にある日本は、ひらがなもカタカナも五十音あり、これに複雑な漢字を組み合わせて書いたり読んだりしている。アルファベット文化圏の人々からすれば、これは驚異だっただろう。

先述の歌川国芳が『仮名手本忠臣蔵』の登場人物を描いたシリーズ物の浮世絵『誠忠義士傳』には、描かれた人物に関する解説が余白にぎっしり書き込まれている。漢字にはすべてルビ（振りがな）が付いている。読者ターゲットは庶民だから、ルビ付きなら誰でも読めたということだろう。

では、江戸の識字率はどれくらいだったのだろうか。民俗学者Ｒ・Ｐ・ドーアが五十年ほど前に書いた『江戸時代の教育』には、江戸末期の識字率は、男性で四十三％、女性は十五％くらいだったとある。この数値は、世界史的な規模で見れば非常に高い。

いつしかこの数字が独り歩きして、定説のようになっていた。しかし、教育史学者のリチャード・ルビンジャーが二〇〇七年に出版した『日本人のリテラシー——1600—1900年』では、識字率の地域差や男女差を指摘し、具体的な数値で示すことはできないと結論されている。ハリスがローマの識字率に関して呈したのと同じ疑義が、ここでも示されたわけだ。

興をそがれた思いもするが、ルビンジャーの指摘は妥当だろう。しかし、たとえば農民や商人が年貢を納める際にやりとりした記録を見ると、簡単な読み書きであれば、かなりの人ができていたことが分かる。江戸時代の日本の中でも、大都市である江戸に限れば、識字率は全国レベルよりも高かったことは疑いようがない。

具体的な数値で示すことは難しいが、庶民レベルの読み書き能力が、江戸とローマほど高かった国や時代が前近代にないことは間違いないだろう。

江戸の寺子屋、ローマの青空学級

江戸の都は、人口百万のうち町人が半数を占めていた。当初こそ男性比率が六割を超えていたが、幕末には男女半々となる。江戸の識字率がなべて高かったのは、身分や性別を問わず、就学のチャンスがあったからだろう。

武家の子弟はもとより、江戸では庶民の子も、七〜八歳頃から寺子屋に通っていた。江戸時代も後期になると、裏長屋でも寺子屋に通わない子はいないと言われるほど就学率が高かった。ちなみに、寺子屋という名称は、江戸時代以前に寺で教育が行われていた名残《なご》りである。上方《かみがた》発祥の呼び名とされ、江戸では「手習い所」と呼び習わされた。

江戸時代末期、大江戸の就学率は七十〜八十％に上ったとする研究がある。これは相当に高い数字である。当時のイギリスが二十〜二十五％、フランスに至っては一・五％とされるから、江戸の高さは異常と言ってもいい。

江戸の就学率が高かった理由として、寺子屋のような学び舎の数が、諸外国に比べて著しく多かったことが挙げられる。幕末には全国に一万五千校、江戸市中だけでも千五百校もの寺子屋があった。また、誰でも通うことができたのは、授業料が配慮されていたことも大きい。寺子屋の入学金や月謝は家庭の事情に応じて納める仕組みで、家庭が貧しくても通うことができた。払えない場合は、親が商っている品を物納することもあったようだ。

子どもたちに教えていたのは、下級武士や浪人、僧侶などである。手習い所では、読み書き算盤を中心として、職人の子なら職人仕事に必要な言葉を、商人の子なら商いに必要な心得や算術というように、それぞれの親の生業《なりわい》に合わせて実用的なカリキュラムが組まれていた。親とすれば、我が子を寺子屋に通わせたいと思うのも当然だ。なかには二百人もの生徒を抱える人気校もあったという。

では、ローマはどうだったか。元老院貴族の家庭には、子どもに家庭教師をつける習慣があった。ストア派の哲学者セネカが、幼い頃のネロの家庭教師を務めていた話は有名だが、それなりの資力がある家庭では、息子に複数の家庭教師をつけることが普通だった。たとえば賢帝マルクス・アウレリウスは、教育熱心だった曾祖父ルキウス・カティリウス・セウェルスの方針で、七歳の時から一流の学者を家庭教師として、ギリシア語、ラテン語、音楽、数学、法律、修辞学を自邸で学んでいる。

なかには、筋金入りの国粋主義者として知られるカトーのように、子どもの教育は父親が手ずから行うべきだと考える人もいた。ただ、親が教えるにせよ、家庭教師を雇うにせよ、基本的に一対一で子どもの資質を見極め、その子に合ったカリキュラムやプログラムを組むのがローマ流である。

しかし、圧倒的多数の庶民は、そんな教育機会に恵まれるわけもない。そんな子どもたちのために、ローマでは広場の一角などで青空学級が開かれていた。その情景を描いた壁

読み書き教育の様子を伝えるレリーフ

画はたくさん残っている。子どもたちが学んでいるのは、寺子屋と同じように「読む、書く、数える」である。

帝国の地方都市だったポンペイにも、アルファベットを練習中の子供が刻んだと思《おぼ》しき落書きが残っている。アルファベットを覚えたら、『イソップ寓話集』など子どもたちにも馴染みのある物語を素材に文章を学んでいったようだ。子どもたちは短文の読み書きを練習しながらそれを繰り返し朗読し、文章を暗記した。教科書やノートがあるわけではないから、五感すべてを使って頭と体に刻みつけていたのだ。

江戸では貸本屋が大盛況

江戸の識字率が高かったことは、当時の出版ブームからも明らかだ。江戸中期以降、物語や歴史本からガイドブック、料理本といった実用書までが出版され、庶民も競うようにこれらを読んでいた。

そうはいっても、紙は貴重品だったから気軽に買うわけにもいかない。そこで大繁盛したのが、本を背負って得意先をまわる「貸本屋」である。江戸後期には、市中に六百五十六人もの貸本屋がいたとされ、各々百から二百近い顧客を抱えていた。江戸庶民のハイレベルな識字能力のみならず、彼らの読書熱や好奇心の高さもうかがえる。

文化・文政期の物価を紹介する『江戸の卵は一個四〇〇円！』という本によると、江戸の貸本料金は新刊で一巻二十四文だという。現代の貨幣価値に換算すると、五百円弱といったところか。古本はもう少し安くて、十六文くらいが相場だったようだ。

ちなみに、本を買うとなると、たとえば井原西鶴の『好色一代男』なら銀二十五匁《もんめ》。およそ五万円だから、金持ちのコレクターでもない限りおいそれと買うことはできない。

それでも『好色一代男』は、十七世紀末の大ベストセラーとなった。上方でヒットしたこの本の江戸版に挿絵を描いたのが、『見返り美人図』で知られる菱川師宣《ひしかわもろのぶ》である。彼は庶民ウケする挿絵入り娯楽小説、いわゆる浮世草子に挿絵を描いて評判を取ったことから、自らを浮世草子に絵を描く「浮世絵師」と称するようになった。

他にも、江戸中期にはベストセラーが相次いだ。近松門左衛門の『曾根崎心中』、貝原益軒の『養生訓』、山東京伝の『仕《し》懸《かけ》文庫』がよく知られるところだ。後期になると、旅ブームの火付け役となった十返舎一九《じっぺんしゃいっく》の『東海道中膝栗毛《とうかいどうちゅうひざくりげ》』、曲亭馬琴《きょくていばきん》が二十八年にわたって書き続け、日本文学史上最長編となった『南総里見八犬伝』などがある。

　実用書ジャンルでは、鬼才・蔦屋《つたや》重三郎《じゅうざぶろう》が十八世紀後半から売り出した遊郭ガイドブック『吉原細見』などもある。ちなみに、蔦重が手掛けた人気作家の新刊書は、あまりの売れ行きで製本が追いつかず、本文を印刷しただけの紙に表紙や綴り糸を付けて販売したこともあったそうだ。

ローマの庶民は図書館通い

　江戸の本は、ほとんどが木版印刷である。大判の錦絵を見ても分かるように、そのクオリティは高い。木版の印刷技術が、あそこまで高度に発達したのは、世界的にみても特異な文化だと言っていい。

　金属活字による活版印刷の技術は、江戸時代以前にもたらされてはいた。だが、これが普及するのは明治維新後のことである。アルファベットであれば、二十数文字の組み合わせで印刷できるが、文字種が途方もなく多い日本の場合、むしろ木版に刻んだほうが手っ取り早く美しかったのだ。

活版印刷が発明される遥か以前のローマ時代は、書物といえば、人の手で引き写された「写本」である。印刷物のようには量産できない上、羊皮紙に手書きされた当時の書物の形状は巻物だから、これを広げて読むとなると、それなりのスペースを要する。

そのため、書物に著されたことを知る手段としては、図書館に行って読むか、もしくは朗読会で「聞く」ことが中心になる。ローマで朗読会が盛んに開かれていたのは、文字が読めない人が多かったからではなく、書物を容易に入手できなかったためだろう。

ローマの図書館は、かなり充実していたようだ。もともとローマの図書館は、対外遠征の「戦利品」として持ち帰った書籍を、将軍たちが私設文庫としたことに始まる。なかにはアリストテレス文庫も含まれた。蔵書はギリシア語部門とラテン語部門に分けられ、すべてがローマ市民に公開されたというから驚きである。

また、トラヤヌス浴場やカラカラ浴場など、都市にある巨大テルマエは、もれなく図書館か図書室を併設していた。ポンペイに残るいくつかの公衆浴場も、その一角が図書室になっている。全三十七巻の大著『博物誌』を著したプリニウスは、自分の家に図書室を持っていたが、これは非常に例外的なケースと言える。プリニウスは大変な勉強家で、自分で読むだけでは飽き足らず、入浴中にも奴隷に朗読させて「耳」で読んでいたと伝わる。

日本でも、江戸以前の書物は、基本的に写本だった。しかし、それを読むことができたのは、上流階級や一部の富裕層である。ローマの公共図書館のように、ギリシアの哲学や文芸などの蔵書を庶民にも広く開放していたのは、驚くべきことだろう。

識字能力の功罪

書物に書かれるのは、体系的な思想や歴史から、技術的な知識や心に迫ってくる物語まで幅が広い。では、日々の生活に直結するリアルタイムの情報は、どのように得ていたのだろう。

古代ローマには、世界最古の新聞と言われる「アクタ・ディウルナ」がある。「日々の議事録」を意味し、いわば官製の掲示板のようなものである。遠征中のカエサルが、自身の功績をローマに知らしめるために公示したことが始まりとも言われる。

「ディウルナ」という言葉は、のちにジャーナル（定期刊行物）やジャーナリズムの語源ともなった。当時のディウルナには、元老院での議事をはじめ、裁判結果や市民の出生・死亡ニュースまで、多くの情報が掲載されていた。

江戸市中にも、幕府からの御触書《おふれがき》を掲げる高札場が三十か所以上あり、刷り物の瓦版も庶民の情報源となっていた。瓦版には、速報性を重視したものもあれば、ビジュアルを重視した木版刷りのものもあり、地震や大水などの被災状況を盛んに報じていた。古くは大坂の陣を伝える瓦版も残っていて、売り子が読み上げながら売り歩いていたことから「讀賣」とも呼ばれる。

ただし、江戸でもローマでも、情報伝達に大きな役割を果たしていたのは、やはり文字情報より噂話の口コミだったようだ。

古代ローマの歴史家スエトニウスが巷に流布《るふ》する噂話を集めたように、江戸でも古本屋の藤岡屋由蔵《よしぞう》という人物が市中の噂話を克明に記録し、これを希望者に有料で閲覧させていたようだ。わりと儲かったのか、当時の川柳に「本由は人の噂で飯を食ひ」と揶揄《やゆ》されている。この『藤岡屋日記』は、江戸後期から幕末維新期に至る頃、巷の人々がどんなことを考えていたのか、激動の時代をどう受け止めていたのかを知る上で、有益な史料になっている。

読み書きの能力は、知識や情報へのアクセスを可能にするだけでなく、人々の感性や精神にも決定的な影響を与える。よく指摘されることではあるが、明治日本が列強の植民地になることなく、近代化・工業化に成功した要因の一つは、庶民レベルの読み書き能力が高かったことも関係しているだろう。文字情報を通じて、物事を深く知ることができる。そのことが好奇心を刺激し、視野を広げ、社会を革新していく原動力になったのは間違いないと思われる。

しかし古代ギリシアには、人類が読み書き能力を獲得することのデメリットを指摘し、警告を発した人物がいた。大哲人ソクラテスである。

なぜなら、人々がこの文字というものを学ぶと、記憶力の訓練がなおざりにされるため、その人たちの魂の中には、忘れっぽい性質が植えつけられることだろうから。それはほかでもない、彼らは、書いたものを信頼して、ものを思い出すのに、自分以外のものに彫りつけられたしるしによって外から思い出すようになり、自分で自分の力によって内から思い出すことをしないようになるからである。（プラトン『パイドロス』藤沢令夫訳、岩波文庫）

書物を読めるようになれば、物知りにはなれるけれど、それは見せかけの博識家であって、真の知者ではないと言うのである。

よく知られるように、ソクラテス自身は何も書物を書き残していない。彼の思想が今に伝わるのは、弟子のプラトンがその言動を書き残したからである。ソクラテスよりも四百年前に、トロイア戦争の顚末《てんまつ》を詠った詩聖ホメロスも文字を知らなかった。盲目の吟唱詩人とも言われた彼は、数百年にわたって口承されてきた数々の詩を耳で頭に刻み、長大な叙事詩に紡ぎあげていったのだ。

インターネットの発展によって、途方もないほど文字情報が流通する時代になった。ソクラテスの言う「忘れっぽい性質」は、ますます強まっていると感じるのは気のせいだろうか。

読み書き能力に関する江戸とローマの比較史は、「読む」ことの本質や「読める」ということの可能性、あるいは知識・教養とは何かを考える上で、有益な視座を与えてくれる。

5 平和が生んだ美酒——ワインと日本酒

平和がワインを美味しくした

幸か不幸か、私にとって酒抜きの人生は考えにくい。

日本人がこれほどワインを愛飲するようになったのは、いつ頃からだろうか。かつては和食に日本酒、洋食にはワインという組み合わせが定番だったが、最近は和食にワインを組み合わせたり、発泡系の日本酒を洋食に合わせて提案したりするレストランも増えてきた。それだけ酒文化が成熟してきたということだろう。

日本酒やワインの味わいが現代人に合うようになった画期は、江戸日本と古代ローマにある。

帝政期の大都市ローマには、帝国内のあちこちから戦利品や属州からの貢物、あるいは輸入品として酒が運ばれてきた。ギリシアなど帝国の東側からはアルコール度数の強い蒸留酒も入ってきたが、圧倒的に多かったのはワインである。さらに、ローマの元老院貴族や富裕層も、広大な領地で大規模農業を経営し、利潤率の高い産物として葡萄《ぶどう》栽培とワイン造りを盛んに行うようになる。足元に百万人都市という巨大市場があるのだから、これは当然の成り行きだろう。

現在のローマ市の南部に、モンテ・テスタッチョと呼ばれる小高い丘がある。古代ローマの時代、この近くにはテヴェレ河畔の港があり、「アンフォラ」と呼ばれる素焼きの壺に入ったワインは、ここで荷下ろしされていた。モンテ・テスタッチョは、壊れて用済みになったアンフォラが積み上がってできた、いわば人工の丘である。ローマの人々が、いかに酒を飲んでいたかを物語るランドスケープだ。

ワインの歴史は古い。一般には紀元前五〇〇〇年頃に中近東で始まったワイン造りが、エジプト、ギリシアやエトルリアなどを経てローマに伝えられたと言われる。ただしローマ人たちは、ギリシアやエトルリアから学んだワイン造りの手法を、ただ真似ていたわけではなかった。彼らのソフィスティケート能力は、ここでも遺憾なく発揮されたのだ。

なかには思いがけぬ幸運もあった。前一二一年、例年にも増してふくよかなコクがあり、果実味あふれる香り豊かなワインができた。この年は天候がよく、陽光に恵まれていた。天候によって葡萄の生育や産量が左右されることは分かっていたが、ローマ人は、日照時間の長さがかくもワインの味を左右することを発見した。

人間は欲深い生き物である。一度美味しいものを知ってしまうと、より美味しいものが欲しくなる。その数十年後、カエサルはガリア（現在のフランス・ベルギーを中心とする地域）を征服した。このガリア遠征で、ローマ軍はワインの歴史にとって決定的な役割を果たすことになるものを見つける。木製の樽である。

大酒飲みのガリア人が愛飲していたのは、ビール（その先祖であるセルヴォワーズ）だった。木製の樽は、その貯蔵や運搬用に使われていた。木樽なら壊れにくいし、軽くて転がせるから運搬も容易だ。それまでワインの保管や運搬にアンフォラを使っていたローマ人は、木製の樽に飛びついた。

ローマ人も驚いたことだろう、木樽で保存するとワインが熟成してより美味しくなった。これは何とも幸運な出合いだった。ガリア人のビール樽とワイン好きのローマ人が出合わなければ、ワインの歴史は今とは違うものになっていただろう。ローマの平和がワインを美味しくしたのである。

灘の日本酒、ガリアのワイン

長く平和が続いたローマで次第にワインの味が洗練されたように、日本酒も江戸時代に大躍進を遂げている。どぶろくタイプの酒は古くからあったのだが、江戸時代に醸造技術が発達し、私たちが今飲んでいるような、いわゆる清酒が造られるようになったのだ。

現在は全国各地で個性豊かな酒が造られ、百《ひゃっ》花《か》繚乱《りょうらん》の様相を呈しているが、もともとは上方《かみがた》――今でいう大阪・神戸あたりが日本酒の主産地であった。当時の江戸で飲まれていたのも上方の酒だ。初期は摂津国の伊丹酒や池田酒が中心だったが、やがて港に近く、水にも恵まれて雑味の少ない灘《なだ》の酒が「灘の生一本」として人気を博していく。

問題は輸送手段である。当初は四斗樽に詰めて二樽セットで馬に載せ、陸路で運んでいた。だが、これではコストも時間も馬鹿にならないので、やがて海上輸送への切り替えが模索され、「菱垣廻船」と呼ばれる御用船で、油や醤油、紙や木綿といった生活物資と一緒に江戸に運ばれるようになった。ところが、菱垣廻船での輸送にはデメリットもあった。当時の酒は日持ちがしなかったので、早く出帆したいのに、他の積み荷の都合で待たされてしまうのだ。しかも、海難に遭うと大きな損害を被《こうむ》る上、海上投棄される軽い上積荷の補償を、酒のような下積荷の問屋も負担しなければならなかった。

そこで、上方の酒問屋が共同で酒専用の「樽廻船」の運営に乗り出した。樽廻船が運航されはじめたのは享保十五（一七三〇）年のことである。これにより、潤沢な量の酒が安定して江戸に届くようになった。

上方から江戸に運ばれてくる物資は「下り物」と呼ばれる。その中には雅《みやび》な工芸品や絹織物などもあったため、下り物は上等というイメージがあった。上方の酒は輸送コストがかかっているので割高だったが、江戸の人々は有難がって下り物を飲んでいたようだ。

　下り物のブランド価値はすごかった。江戸時代も中期以降になると、関東一円の産品の質が向上し、水運網の整備も進んだため、江戸市中にいわゆる「地廻《じまわり》物」の酒が流通するようになるが、こうした酒は「下らない」と不人気だったらしい。幕府は、江戸の富が上方に流出することを嫌い、お膝元でも上質な清酒「御免関東上酒《ごめんかんとうじょうしゅ》」を造ろうと試みるが、根強い下り物人気に対抗することはできなかった。結局、江戸での下り酒シェアが九割を下ることはなかったという。下り物の酒がブランド力を失わなかったのは、上方の問屋が組合を結成して、江戸での消費量確保に努めたためとも言われるが、実際どれほどの味の差があったのか、酒飲みの興味を誘うところである。

　他所からもたらされるブランド酒が人気だったのは、ローマも同じであった。江戸に上方の酒が入ってきたように、大都市ローマにもあちこちから酒が運ばれてきた。その多くはイタリア産だったが、次第に状況が変わってくる。ガリア産が質・量ともに急躍進してきたのだ。

　前五一年にガリアを征圧して以降、ローマ軍はこの地に駐屯地を作って、兵士を常駐させていた。都から遠く離れているとはいえ、兵士だって美味しいワインが飲みたい。しかし、辺境の駐屯地まで運んでくるのは手間がかかる。彼らが飲んでいたのは質の劣る二級品だった。しかし、やがて風向きが変わる。平均気温の低いガリア地方でも栽培可能な葡萄の品種ができたのだ。今でいうフランスのブルゴーニュ、ボルドー、ドイツのモーゼルといった地域にまで産地が一気に広がり、帝国のワインは一気に花開いた。

葡萄ばかり育てていると、主食である小麦が不足すると案じたのか、九二年、時の皇帝ドミティアヌスは、新たに葡萄の木を植えることを禁じ、ガリアのような属州では葡萄の木を半分に減らすよう命じた。それほどまでにワイン需要は高かった。当然、多大な儲けが見込めるワイン造りを簡単に止めるわけもない。禁令は守られず、ローマ帝国内では樽で熟成させたガリア産ワインが素晴らしいとますます評判をとるようになり、イタリア産ワインはフランスからの輸入ワインに押されていった。

ワインも日本酒も水割りが当たり前

実は、江戸の日本酒とローマのワインには飲み方でも共通点があった。今は日本酒を何かで割ることはほとんどないが、江戸時代は基本的に酒を薄めて飲んでいたようだ。発酵学者の小泉武夫によると、江戸時代の日本酒は今のものよりアミノ酸が多く、糖度も高くてとろりとした味醂《みりん》のような風味がある酒だったらしい。アルコール度数も高かったため、販売する段階でかなり薄めており、どうやら四～五倍に希釈して度数を五～六度まで落としていたそうだ。

こうした売り方は、醸造する蔵元にとっても都合がよかった。当時の酒税は、販売量ではなく製造量に対してかかっていたので、同じ税金を払う以上、薄めて売ったほうが儲けになったのである。買った人が自分で水割りにするのではなく、売り手が算盤をはじきながら割っていたため、川柳に「新川へ玉川を割る安い酒」とも詠まれている。新川は酒問屋が集まっていた場所のことだが、安いのは良心的なのではなく、玉川上水の水をたっぷり加えてあるから、という皮肉が込められている。

実は、ワインもかつては薄めて飲まれていた。今でこそワインはボトルからそのままグラスに注いで飲むが、ローマ時代のワインも今ほどはソフィスティケートされたものではなく、濃縮された原液のようなものだったらしい。度数も相当に高かった。

ただし、ローマでは小売の段階で薄めるのではなく、買った人が飲む時に自分好みに薄めていた。寒い時期にはお湯割りにして飲むこともあったし、暑い季節は冷やして飲むこともしていたようだ。冷蔵技術などない時代である。金持ちは山に積もった雪を冬の間に集めて地下室に保存し、そこでワインを冷やしたり、保管したりしていたようだ。ちなみに、ローマ時代に高級ワインとされたものの多くは白ワインで、甘口だったという。甘みの足りないものは、蜂蜜を加えて飲んだりもしていたようだ。

おそらく、ローマ人は相当な量のワインを飲んでいたはずだ。もちろん、ワインの消費量を示す統計資料が残っているはずもないが、宴会中にわざわざ吐きに行き、また飲み直すということまでやっていた。まるで日本の大学生がやりそうな飲み方ではないか。羽根のようなものを喉に入れると、吐きやすくなるといった知恵を書き記したものもある。懐具合の寂しい庶民レベルではなかなかそうもいかないだろうが、とにかく際限なくワインを飲んで楽しもうという風潮があったことがうかがえる。

江戸の酒消費に関しては、もう少し具体的なことが言えそうだ。小泉武夫によると、十七世紀末頃にはいわゆる「四斗樽」で六十四万樽だった日本酒消費量は、幕末には百八十万樽にまで膨れ上がったという。単純計算すると、一人当たり年間およそ百三十リットル飲んでいたことになる。毎日三合近く飲んでいた計算だ。

もしかすると、江戸時代の人々は現代の私たちよりお酒が強かったのかもしれない。当時、一種の遊びとして、酒豪コンテストのような催しが行われていた。酒豪比べそのものは平安時代からあったとされるが、江戸時代に開かれた大酒会としては、一六四八（慶安元）年に川崎大師河原で開かれた酒合戦がよく知られる。関東周辺の酒豪が身分に関わりなく集まり、東西両軍に分かれて酒量を競ったというが、平和な光景そのものだ。

時代を下って一八一七（文化十四）年、両国柳橋の料亭で開かれた大酒会も貴重な記録を今日に残している。この催しに参加した鯉屋利兵衛なる人物は、一升瓶で十九本半もの酒を飲んだという。想像するだけで二日酔いになりそうではないか。

居酒屋は精神を解放するオアシス

とはいえ、こうした催しは遊びの一種で、いつもの飲み方とはほど遠いだろう。では、ローマや江戸の人々は、普段、どこでどのように酒を楽しんでいたのだろう。ローマの貴族など上流階級の人々は、互いの邸宅に招待したり、招待されたりしながら宴席で酒を楽しんでいた。生演奏付きの豪勢な晩餐が、延々六時間や八時間と続くケースもあったようで、その贅沢《ぜいたく》三昧は、ネロ帝の側近ペトロニウスが書いたとされる風刺小説『サテュリコン』の一場面、「トリマルキオの饗宴《きょうえん》」に垣間見ることができる。

もちろん、こんな贅沢ができたのはごく一握りの人々だ。庶民はというと、夜明けと共に仕事を始め、昼過ぎには公衆浴場で汗を流し、そこで酒を嗜《たしな》んでいたと思われる。社交場でもあるテルマエで、酒抜きというわけにはいかなかっただろう。加えて、風呂帰りの人々を待ち受けるかのように、浴場の周囲には居酒屋が軒を連ねていた。

江戸でも基本的に事情は同じである。金持ちは料亭や遊郭に繰り出して料理や酒を楽しんでいたが、庶民は長屋に酒肴を持ち寄って飲むことが多かった。各自が徳利《とっくり》を持参して、酒屋で酒を入れてもらうこともあった。酒屋の店先で立ち飲みすることもできたようで、やがて店側は簡単な肴を出すようになる。今も残る「角打ち」の走りであり、これが居酒屋の原型となった。とりわけ神田鎌倉河岸にあった豊島屋は、酒肴として大ぶりの豆腐に味噌を塗って焼いた田楽を一本二文で売り出し、大評判を取ったと伝わる。江戸中期頃になると、座敷で酒や料理を供する料理茶屋も増えていったようだ。

古代ローマにも「テルモポリウム」と呼ばれる居酒屋があった。店先にはL字型のカウンターがあって、そこにはめ込まれた壺からワインを掬《すく》い、容器に移して飲んでいたようだ。驚くべきことに、一晩中営業していた居酒屋もあった。都市部ではかなり繁昌していたようで、たとえば人口一万人のポンペイの街には百二十軒ほどの居酒屋があったことが分かっている。

ポンペイ遺跡の落書きは、居酒屋における酒の相場を伝えてくれる。

「酒神崇拝者の呑助いわく。このカウンターでは一アスでも飲める。もっといいものなら二アスを払えば。ファレルヌス酒なら四アス払えば飲める」

一アスを現代の貨幣価値に直せば、およそ百円になる。この落書きを読むと、意外に選択肢があったことが分かる。楽しくて飲み過ぎたのだろうか、ポンペイの居酒屋には「冷たい水をすこしばかしください」という落書きもある。

テルモポリウムは、ローマ人の生活に欠かせないものだった。自宅で酒を飲む場合もテルモポリウムで購入していたし、出来合いの料理を買い求める場でもあった。ローマの庶民が自宅で煮炊きするのは年に数回で、そもそも竈《かまど》のない家も少なからずあったため、スープなどの総菜も近くのテルモポウリムから買っていたのだ。

ちなみに、先に名前の挙がったファレルヌスは、カンパニア北部の地名である。ファレルヌスで収穫される葡萄は美味しいワインになったようで、その名はローマ帝国全土に広く知られていた。かのクレオパトラがカエサルを籠絡《ろうらく》すべく、宝石をちりばめた盃《さかずき》に注いだのも、特注のファレルヌスだったと言われる。この酒の名は、前出の「トリマルキオの饗宴」にも登場する。

また、ラティウム地方の都市セティアも名酒の産地として知られていた。こちらはワイン好きの詩人ホラティウスの詩に登場し、ポンペイに「セティアの葡萄酒を一杯ください」という落書きが残っているくらいだ。

ポンペイは、ローマ帝国におけるワインの一大集積地だった。植民地から大量にワインを輸入して大消費地ローマに輸送していたほか、温暖な気候を生かしたワイン造りも盛んに行われていた。ポンペイ遺跡では三十一の邸宅が発掘されているが、そのほとんどがワイン生産者の家である。周辺には葡萄畑が広がり、邸宅の地下からは熟成中のワインが大量に出土している。

七九年のヴェスヴィオ火山噴火によって、ポンペイは埋没してしまう。同地からのワイン供給が急に途絶えてしまったローマ市民は、たいそう困惑したことだろう。ローマ近郊の穀物畑の中には、慌てて葡萄栽培に転じたところもあった。酒飲みにとって、酒を取り上げられることほど辛《つら》いものはない。

酒はアイデアの泉

わざわざ酒専用の船を仕立てて灘・大坂から酒を運んでいた江戸、遠路はるばるガリアからワインを取り寄せていたローマ。手間とコストをかけてでも美味い酒が飲みたい、その思いを遂げることができたのは、やはり両都が比類なき平和と繁栄を誇ったからこそではないか。日本酒とワインが、この時期に飛躍的に美味くなったのも、巨大な消費マーケットがあり、人々に酒を楽しむゆとりがあったからだろう。

よく言われるように、酒は人づきあいの潤滑油となる。とかく日本では、公的な場で語られることの多くが建前になりがちだが、サロンのような自由な雰囲気の中で、お酒を伴って交わされる談笑は本音が飛び交うものだ。絶え間ない刺激が、新しいアイデアを生み出すこともある。

シンポジウムの語源は、「一緒に飲む」という意味の言葉から派生した古代ギリシア語のsymposionだ。これを日本語に訳すと「饗宴」となる。つまり、本来はサロンのような場を指す単語であり、現在のようにパネリストが壇上に並んで、各々が意見を述べた後にディスカッションするというのは、本来の意味からずれているのだ。少し酒で口を潤しながら気楽に話し合ったほうが、いいアイデアが浮かんだり、話が深まったりすると思うのだがどうだろう。

ニーチェは『悲劇の誕生』の中で、人間には二つの側面があると指摘する。一つは理性や合理的思考力、もう一つは非合理的な思考や情動である。ニーチェは、前者の象徴としてギリシア神話に登場するアポロンを、後者の象徴としてディオニソスを挙げて論を展開し、ギリシア文化はアポロン的なものに傾注したが、人間はディオニソス的なものを内包する存在だと強く主張する。

ディオニソスはワインの神であると同時に、豊饒《ほうじょう》と酩酊《めいてい》の神でもある。ローマ人は、ディオニソスの異名バッコスをラテン語化して「バックス」と呼び、前二世紀頃からバックスを讃える祭礼を行ってきた。日本では英語読みの「バッカス」として知られる神様である。

ローマ社会にキリスト教が浸透するにつれ、ディオニュソス的な価値観は抑制されていくが、ワインの豊饒と酩酊を授かったローマ人は、バックス祭礼を盛大に祝うことを続けた。飲めや踊れや、なかには羽目をはずして秩序を乱す輩《やから》も少なくなかったようで、しばしば禁令が出されている。とはいえ、酒神の祭りなので「酒を飲むな」とは言えない。庶民の楽しみを奪って不人気になっても困る。なかなか難しい匙《さじ》加減だっただろう。

オランダの歴史家ヨハン・ホイジンガは、人間の本質について、ホモ・サピエンス（考える人）やホモ・ファーベル（作る人）である前に、まずホモ・ルーデンス（遊ぶ人）であると説いている。すなわち、遊ぶことに人間の本質があり、あらゆる文化は遊びの中から生まれたとする考え方である。

私としては、ホイジンガの議論に頷きたくなる。「無駄」や「余計」と思われている領域をないがしろにしているようでは、文明の発展は得られない。おそらくワインや日本酒の醸造文化が発展していく過程では、科学的な仮説と検証によってではなく、ある種の偶発的な遊びが決定的に重要だっただろう。

酒飲みの自己弁護と言われればそれまでだが、歴史を振り返るとそのように思えてならない。

文明と酒の関係

ローマ帝国の版図《はんと》が広がるにつれ、ワインの生産地も広がっていった。ヨーロッパ大陸では、ライン川やドナウ川あたりを一つの境として、その南側でワインが盛んに造られるようになる。

北側は基本的にワイン不毛の地だった。二十年ほど前にドイツを訪ねた際、ライン川の北側にあるミュンスターという町で、土地の人から「この辺りは野蛮《やばん》の地」だと言われたことがある。曰《いわ》く「ここは葡萄ができないから、私たちは仕方がなくビールを飲んでいるのです」と。

無論、これはドイツ流のジョークに他ならない。だが、ローマの昔からワインを造っているのが文明国で、葡萄栽培の北限が文明国と非文明国の境界線であるというイメージは、今なおヨーロッパの人々の間で生きているのだろう。ちなみに、ドイツのワイン生産量は決して多いとは言えないものの、質の面では愛好家を唸《うな》らせるワインも出てきたようだ。ああいうジョークを飛ばしておいて、一気にドイツ・ワインが世界を席巻《せっけん》する日が来るかもしれない。

先陣を切って近代化を果たし、世界に冠たる文明国となったイギリスも、寒冷な気候ゆえ葡萄が育ちにくく、ワイン造りが盛んにはならない国だった。ただし、十二世紀にボルドーがイギリス領となって以降、消費地としてワイン文化を盛り立ててきた歴史がある。そのイギリスでも、近年の気候変動の影響だろうか、南東部で造られるスパークリング・ワインを中心に、産地として注目を集めているようだ。

アメリカ大陸やオーストラリアでも注目の醸造所が次々に誕生しているように、ワインはグローバリゼーションの真っただ中にある。古代地中海世界に花開いたローカルな酒が世界の至るところに広がるまで、およそ二千年かかったことになる。これを長いと見るか短いと見るかは人によって意見が分かれるだろう。

七つの海を征したワインに比べればまだ後れを取っているものの、日本酒も海外への輸出が増えてきた。醸造技術はここ半世紀ほどで格段にレベルアップし、全国各地の酒蔵が競って個性豊かな酒を生み出している。実際、海外需要に向けて造られた酒は、欧米の品評会でも高い評価を受けているようだ。二〇一三年にユネスコの無形文化遺産に登録された和食の世界的なブームを追い風に、日本酒のマーケットは今後ますます広がっていくだろう。

世界には実に様々な酒があるが、とくに日本酒は多様な料理に合う酒だ。たとえば、魚介類を使った前菜に日本酒を合わせ、メインの肉料理には赤ワインといったように、コース料理の中で同居させることもできる。私は酒抜きの食事など考えられないタイプの人間だが、料理に合わせて日本酒とワインを自在に堪能《たんのう》できる幸せをよく思う。酒文化の進んだ国は数多くあれど、世界各国の料理が水準以上の質で提供され、酒との相性を楽しむことのできる国はなかなかないのではないか。

時には、そんなことを考えながら酒を楽しむのもいいだろう。

6 美徳と武勇の教訓

──「父祖の威風」と武士道

武士道という生き方

日本人は武士道という言葉が大好きだ。

武士道という言葉が何を指すのか、明快に説明できる人はそう多くないだろう。それでも私たちは、時に誇りを込めてこの言葉を口にする。スポーツ紙に躍る「野球道」や「相撲道」なる言葉も、武士道がベースにあって成立している。そこには、ただ熟練の度合いを示すだけではなく、ある種の精神性を誇る態度が含まれているように思う。

十九世紀後半、欧米列強がアジア進出に躍起になる中、日本は帝国主義的な植民地支配をまぬがれた。その理由は様々に挙げられるが、国を率いる人々の精神的な土壌に、武士道の伝統が息づいていたことは無関係ではないだろう。

明治時代後期、日本人の書いた本が海外でベストセラーとなった。幕末生まれの新渡戸稲造が著した『武士道』である。達意の英語で書かれたこの本は、当時のアメリカ大統領セオドア・ルーズベルトが感服し、大量に購入して友人や知人に配ったという逸話も残っている。

なぜ新渡戸は、わざわざ英語で書いたのか。執筆のきっかけは、日本の学校では宗教教育を行っていないことを欧米の学者に伝えた際、彼らにたいそう驚かれたことだという。

「宗教がないのに、どうして道徳を教えられるのか」。そう問われて、今度は新渡戸のほうが答えに窮した。長い間、日本では、道徳は学校で教わるものではなかったからだ。人々のモラルはどこから来ているのか、善悪の基準はどのようにつくられるのか、過剰なまでに義理を重んじるのはなぜか――。新渡戸は考えを巡らせ、武士道というキーワードに辿り着いた。これは、ある意味で画期的な発見だった。日本人の価値観や生き方を海外に向けて説明する際、これほど便利な言葉は他にない。

新渡戸の説く武士道は、切腹や特攻精神といった「こわもての武士道」ではない。礼節をわきまえ、惻隠《そくいん》の情を失わず、私心を捨てよという、言うならば「柔和な武士道」である。これならば、主君に仕えた武士のみならず、現代の日本人でも共感できる。

武士の美学と本懐を説いた本としては、鍋島藩主の御側役を務めた山本常朝の『葉隠《はがくれ》』がよく知られる。江戸時代中期に成立したこの本は、「武士道と云《いう》は、死ぬ事と見付けたり」の一節で有名だ。そのためか、武士道は非常にファナティック（狂信的）な価値観と思われている節もあるが、その続きを読めば、決して山本が命を軽んじていたわけではないことが分かる。

『葉隠』に説かれているのは、「いつ死んでも悔いはない」という覚悟があれば、自由の境地を得ることにつながり、落ち度なく家職を全うできる、ということである。つまり、死を恐れないことが、己の生を全力で生きること、日々誇れる生き方をすることにつながっているのだ。封建社会の武士階級に限った価値観のように思えるが、実は誰にでも得心がいく生き方なのである。

「父祖の威風」と武士道との共通点

日本に武士がいたように、ヨーロッパには騎士がいた。同じ武人の心得という点で、日本の武士道は、しばしば中世ヨーロッパの騎士道と対比される。新渡戸も『武士道』の中で騎士道に言及している。しかし私は、日本の武士道的な伝統や精神性に近しいのは、中世の騎士道ではなく、ローマ人が重んじる「父祖の威風（mos maiorum）」ではないかと考えている。

中世の騎士道が説くのは、「卑怯な真似はしない」というフェアプレーの精神、主君への忠誠、女性に対する振る舞いなどである。これらは、言わば騎士としての矜持《きょうじ》に関わる価値観であり、生き方そのものに関わる部分はやや希薄だ。これに対し、武士道や「父祖の威風」は、単なる行動規範にとどまらず、人としてのあり方・生き方に、より深く根ざしている。

　なぜ騎士道は生き方を説かないのか。それは、騎士道がキリスト教という一神教の中で興ったことと関係するだろう。つまり、騎士道のベースには明らかにキリスト教的な道徳観があり、生き方に関わる部分は宗教によって規定され、これに付随するものとして騎士道の精神が形作られたわけだ。一方、多神教の文化に生まれた武士道は、生き方そのものを説く必然性があった。「父祖の威風」も多神教だった頃のローマ共和政の伝統を継ぐものであり、その点は武士道と共通する。

　特定の宗教に拠らず、いかによく生きるべきかを考え、善悪の観念を子どもたちに教え込む。これはなかなかの難題である。そこでローマ人たちが拠り所としたのが、「父祖の威風」であった。ローマ人は、父祖の名誉ある物語を家庭で日常的に語り、子どもたちの胸に刻み込んだ。

　ローマ貴族の家庭には、必ずと言っていいほど先祖の彫像が飾られていた。それを見ながら、祖父の偉業や曾祖父の武勲を子に語り聞かせたのである。自宅で楽しめる娯楽が少なかった当時、父親が語って聞かせる先祖の物語は、子どもにとっては胸が躍るエンタテインメントだっただろう。子どもたちは、先祖の物語を通じて「勇気とは何か」「誇りをもって生きるとはどういうことか」を自然と学んでいった。そして、自分も父祖に恥じない、あるいは父祖をも凌《しの》ぐような人間になろうという意識を育んだ。

古代ローマ社会では「父祖の威風」を受け継いだ人物は歓迎された。実際、ローマの元老院には二世どころか、五世・六世も珍しくなかった。日頃から父祖の誇り高い生き方に触れて育った子どもたちが、父祖に倣って自分を磨いていったのである。

古代ローマの教育方法

かつての日本にも「御先祖様に恥じぬように」「家名を汚さぬように」という意識が強くあった。なにも武士に限った話ではない。戦後間もない頃に生まれた世代は、親からそう言われた経験が一度くらいあるのではないか。

そうした思いの強さにかけては、ローマ人は並々ならぬものがあった。共和政ローマ末期の政治家で、大雄弁家として知られるキケロは、「ローマの国は古来の慣習と人によって成り立つ」と語った。キケロは「父祖の威風」こそが優れた人をつくり、優れた人々がさらに「父祖の威風」に磨きをかけると確信していたのである。

ローマ人が「父祖の威風」を大事にしていた様子は、彼らの教育方法を見るとよく分かる。ローマ人は、子弟教育に途方もない情熱を傾ける人々である。教育は人任せにするものではなく、父親が全面的にその責務を負うべきものと考えられた。子どもたちを教育することが、家長の最も重要な仕事の一つだったのだ。

ローマ人の教育熱心ぶりを語る際、その好例としてよく言及されるのが、共和政ローマ時代の政治家カトー・ケンソリウス（曾孫と区別して「大カトー」と称される）である。彼は厳格なローマの気風を何よりも重視する、筋金入りの国粋主義者である。虚弱体質だった息子を鍛え上げ、勇敢な武人に育てたことで知られる。

ただし、大カトーは厳しいばかりのスパルタ親父ではなかった。妻が子どものオムツを

父と祖父の頭像を手にする貴族の像
（モルテマルティーニ美術館蔵）

替えたり、入浴させたりする際は必ず傍にいて、妻を身心両面でサポートし、子どもが病気になれば付きっ切りで看病していたという。また、自分の妻や子どもに対して暴力を振るうような奴は男の風上にも置けない、ということも言っている。そうやって日頃から家族に愛情を注ぎつつ、読み書きから体の鍛錬まで、自身が責任をもって子に教育していたのである。

こうした教育スタイルは、カトー家に特有だったわけではない。大カトーの振る舞いは今日的な言い方をすれば「育メン」となるのだろうが、当時のローマの伝統からすれば、それが当たり前であり正統であった。常日頃は子どもの教育を妻任せにしておいて、いざという時だけガツンと言うような父親はもってのほかだった。

先祖の武勲を日常的に説かれ、父親自らが教育に当たる。子どもにしてみれば、さぞプレッシャーを感じただろう。しかし、エリートになることを宿命づけられた人々が、こうした教育を受けることは、ローマ社会全体にとっても有益に働いた。

現代日本に目を転じると、二世議員や二代目社長は批判の対象となってばかりだ。すべての世襲が悪ではないし、先代以上の実績を残す二世もいる。ただ、日本でこれほどまでに世襲が批判されるのは、二世・三世としての誇りや行動規範が継承されず、甘やかされて育ったことが傍目から見ても一目瞭然だからだろう。よくよく考えてみると、武士道でも子の教育はさほど説かれていない。その点では「父祖の威風」に学ぶこともあるのではないか。

誇りある生き方が帝国をつくった

ローマで「父祖の威風」を脈々と子弟に語り継いできたのは、貴族など上流階層の人々である。庶民レベルでは、そこまでの精神性はなかった。

一方の武士道も、もともとは武家という限定された階層の人生訓・道徳律だった。ところが、江戸中期頃から、武士や浪人が師匠を務める寺子屋に多くの町方の子が通うようになると、神道や仏教の教えと共に、礼節や誠心、あるいは親や恩人への忠心といった価値観が庶民レベルにも広がりをみせていく。新渡戸は、武士道で最も大切な掟は「義」だと指摘している。卵が先か鶏が先かの議論になるが、赤穂事件に材をとった歌舞伎や浄瑠璃が江戸時代に大人気を博したのも、「義」に価値を置く意識が庶民レベルまで浸透していたことを示している。

また、「父祖の威風」と武士道の比較で浮かび上がってくるのは、「誠実さ」を重んじるという共通点である。

歴史を振り返ってみれば、あらゆる時代、あらゆる国で、詐術や謀略が横行していた。試しに『三国志演義』や『水滸伝』をひも解くと、騙し合いや裏切りの多さに驚かされる。生きるか死ぬかの局面だから、当然と言えば当然である。ローマや日本にもそのようなエピソードは多々ある。しかし私の興味を誘うのは、中国の史書や物語が他者を騙して成功したことを得々と語るのに対し、ローマ人や日本人はそこに罪悪感を覚え、あえては吹聴《ふいちょう》しないことだ。騙す、裏切る、ごまかす。そういった作戦は「卑怯」とされ、正攻法で勝利することに価値を置く。それはローマと日本の意外な共通点かもしれない。

カンナエの戦いをはじめとして、ローマは幾度となく大敗を喫している。姑息《こそく》な戦術を嫌うローマは、多様な戦術を駆使するハンニバルに苦しめられた。それでもローマが、古代地中海世界に存在した千を超えるポリス（都市国家）の中で、唯一大帝国を築き得たのは、敗北という恥辱に沈むことなく、誇りをもって戦いを挑み続け、不名誉を雪《そそ》いできたからだ。誇り高く生きることが、ローマをローマたらしめた。その誇りの源泉が「父祖の威風」にあるのは間違いない。

だが、帝国の衰退が始まった頃から「父祖の威風」が継承されることも、国を支えてきた人々の美徳も次第に失われてしまう。それと代わるように、人々の道徳律を引き受けたのがキリスト教である。教育の舞台は家庭から教会へと移り、近代以降は学校へと移っていった。

では、古代ローマ式の家庭教育はもはや不可能なのか。意外なことに、ＡＩ（人工知能）が時計の針を巻き戻す契機となるかもしれない。

世界的ベストセラーとなった『サピエンス全史』や『ホモ・デウス』で知られる歴史学者ユヴァル・ノア・ハラリは、ＡＩの発達は、親が子の教育に携わる機会を増加させるだろうと指摘する。将来的には多くの仕事がＡＩやロボットに代替され、職場にいる必要がなくなった人間は、仕事の代わりに時間的なゆとりを手にし、子どもの教育に集中できるという予測である。

ハラリの指摘には賛否があるだろう。しかし、学校教育しか実質的な選択肢がない現状のほうが、歴史的に見れば特殊なのである。二十二世紀にもなれば、親が深い情愛をもって子の教育に関わることが、当たり前になっているかもしれない。

『武士道』に語られたローマ

ところで、新渡戸の妻メアリーはフィラデルフィアに生まれたアメリカ人だった。新渡戸は日本人の考え方や習慣について、日頃から質問攻めに遭っていたらしい。妻を筆頭とするキリスト教文化圏の人々に、日本の精神的土壌や武士道の核心部分を理解してもらうためにはどうすればよいか。新渡戸は、ヨーロッパの歴史や文学から似たような例を渉猟《しょうりょう》して説明を試みている。

『武士道』をひも解くと、プラトン、シェイクスピア、ドン・キホーテ、カール・マルクス、ギュスターヴ・ル・ボンといった固有名詞が登場するのに驚かされる。しかし、何より興味深いのは、そこに大カトーをはじめとするローマ人の逸話が数多く出てくることである。

たとえば武士道の源流を辿った第二章では、日本人の信仰は、ギリシア人のそれよりもローマ人のほうに近いと書いている。

新渡戸が引用するのは、ドイツの古代史家テオドール・モムゼン（歴史家で唯一ノーベル賞を受賞した大学者）が、ギリシア人とローマ人の祈りについて行った指摘だ。モムゼン曰《いわ》く、ギリシア人は神の啓示を得るために天を仰いで祈るが、ローマ人は内省するためにヴェールをかぶって祈る。新渡戸はこれに続けて、日本人の祈りもローマ人のごとく内省的だが、それは自分の心を見つめるにとどまらず、崇拝する祖先の系譜を遡《さかのぼ》って、民族全体の起源にまで及ぶと語る。日本という国土は、祖先の霊である神々が住まう場所でもある。それゆえに、日本人は国土に愛着を持つのだと言う。何ともスケールの大きな話である。

また、勇気について語った第四章では、ブルータスが登場する。カエサルの暗殺に加担したブルータスは、フィリッピの戦いを経て自害に追い込まれた。その際、カエサルの盟友アントニウスや後継指名を受けていたオクタウィアヌスの二人は、仇敵だったはずのブルータスの死に際して敬意を表したという。新渡戸は『武士道』の中でこのエピソードを引き、武田信玄と上杉謙信の話に展開している。川中島の戦いで何度もしのぎを削った信玄が病没すると、謙信は号泣したというのだ。これは、最良の敵を失ったことの悲しみであろう。

二人の武将の関係は、「敵に塩を送る」の故事でもよく知られる。信玄が塩の供給を絶たれて窮地に陥っていることを知った謙信が、家臣に命じて塩を届けたというエピソードである。その書状に添えて謙信曰く「我は貴公と争えども、争う所は弓矢に在り、米塩に在らず」。後世の創作という説もあるが、戦国時代きっての好敵手とみなされていた二人だからこそ成立した故事だろう。

この逸話は、ローマ第二の建国者とも言われる名将カミルスの「我々は金ではなく、鉄（剣）で戦う」とも通じるところがある。新渡戸は、ニーチェの「敵を誇りとせよ」という言葉にも言及して、これこそが武士の精神なのだと持論を展開している。新渡戸が古代ローマを強く意識して『武士道』を書いたことは間違いない。

生かす慈悲と討つ慈悲

新渡戸にとって、古代ローマはシンパシーの対象だった。慈悲の情について考察する第五章では、ローマ人と日本人の精神性が直截《ちょくせつ》に比較される。ここで新渡戸が引用するのは、ローマの詩人ウェルギリウスがローマ建国の精神を謳った詩歌である。

> 敗れた者をいたわり、驕り逆らう者をくじいて、平和の道を立てる。
> これこそが汝の務めである。

新渡戸は、この詩を日本の紳士が読んだなら、これは日本文学からの盗作に違いないと憤るだろうと書いている。ウェルギリウスは、紀元前一世紀頃、ラテン文学の黄金期に活躍した大詩人である。日本はまだ弥生時代だから、盗作のわけがない。新渡戸もそんなことは重々承知の上で、それほどまでにローマ人と日本人の考え方が似ていると言っているのだ。

弱者や敗者を憐れみ、心をかけることは、武士に求められた徳の一つだった。そのことを伝える例として、新渡戸は、源氏の熊谷《くまがい》次郎《じろう》直実《なおざね》が須磨の浦で平氏と戦った時の話を紹介する。

熊谷次郎直実（歌川国貞画）

激戦の中、直実は一人の武者を組み伏せ、自ら名乗った上で、相手の名前や素性をただす。こうした場面では、相手が自分と力量劣らぬ剛の者でなければ血を流さないというのが戦場の作法だったからだ。しかし、相手は頑として名乗らない。仕方なく兜を取り払うと、まだ髭《ひげ》も生えていない、美しい顔立ちの若武者だった。

驚いた直実は少年を助け起こし、この場から立ち去るように促した。「この熊谷の刃を、そなたのような者の血に染めたくはない。敵（直実にとっては味方）に見つからないうちに逃げ、母上のもとに落ち延びよ」と。

しかし、その少年は逃げることを拒み、自分の名誉のために、この場で首を刎《は》ねてほしいと熊谷に懇願する。幾人もの命を奪い、誰もが怖れをなす直実だが、どうしても少年を斬ることができない。まさにその日、自分の息子も同じ戦場のどこかで、初陣《ういじん》に臨んでいたのだ。

どんなに諭《さと》しても少年は譲らず、そうこうするうちに味方の軍勢が近づき、もはや彼が逃げ延びることはできないと察した直実は、「名もない者の手で討たれるより、この熊谷の手で」と、天に成仏を祈って若武者の首を取った。やがて戦が終わり、直実は勝者として凱旋《がいせん》するが、のちに彼は武勲も領地も捨てて出家し、残りの人生を諸国巡礼に捧げたという。脚色はあるだろうが、『平家物語』にも書かれたエピソードである。

弱者や敗者への態度は、新渡戸も指摘するとおり、ウェルギリウスが詩歌に詠んだローマのそれと非常に似ている。では、名誉の死を選んだ若武者のほうはどうだろう。

『武士道』は、切腹をはじめとする自害についても章を割いて論じており（第十二章）、遵法のために毒をあおり、自死した大哲学者ソクラテスにも触れている。この章では、名誉に関わる死、つまり自分と父祖の名誉を守るために自ら命を絶った人物として、カトー、ブルータス、ペトロニウスといったローマの偉人たちの名を挙げている。

ペトロニウスは悪帝ネロの側近で、遊び仲間でもあった人物だ。そのペトロニウスにしても、ネロ帝のブレーンだった哲学者セネカにしても、ネロの暴走を黙って見過ごすことはできず、数々の進言をしていたようだ。しかし、彼らの正論はネロにとっては雑音でしかない。ペトロニウスはネロ暗殺の計画に加担したと讒言《ざんげん》を受けて自害するが、その死に際し、暴君に灸《きゅう》を据えることも忘れなかった。ネロが欲しがっていた花瓶を、自分の眼の前で割ってから死んでいったのだ。

「誠実さ」を取り戻す

ローマ人と武士の言動を引き比べた箇所は、他にも挙げることができる。たとえば「侍の教育と訓練」と題した第十章では、武士は貧乏を恥じるどころか誇りにすら思っているが、ローマの武将ヴェンティディウスも「利益を求めて名を汚すより、むしろ損をすることを選ぶ」と語っていたと指摘する。

あらためて『武士道』を読むと、私心を捨てて義を貫き、敵に対しても深く思いを致すという生き方は、ローマ人と武士で似ていると思わされる。

私心を捨て、武士道を体現した傑物と言えば、江戸無血開城の立役者として知られる山岡鉄舟《てっしゅう》が思い浮かぶ。名声や損得を一顧だにしなかった鉄舟は、生涯、己の信ずる義を貫いた人物だった。勝海舟や、討幕派の西郷隆盛も鉄舟とであれば腹を割って話し、維新後に徳川慶喜に従って下った駿府《すんぷ》（現在の静岡県）では、俠客の清水次郎長とも意気投合したらしい。誠実さに生きた男として傑出した人物だったのではないか。

隆盛は鉄舟を評して「金も要らぬ、名誉も要らぬ、命も要らぬ人は始末に困るが、そういう人でなければ天下の偉業は成し遂げられない」と語ったという。徹底した誠実さを持ち、私心もない透徹した精神は、武士道において最も重要な要素だろう。ただ、鉄舟はあまりに私利私欲がなかったため、一時は食うや食わずの状態で、家族は相当苦労をしたようだ。それはそれで困りものかもしれないが。

最後に、魯迅《ろじん》の逸話を紹介して終わりたい。中国生まれの魯迅は、二十世紀初頭に日本に留学する。日清戦争が終結してから、まだ十年も経っていない時期である。中国人は日本人に対して強い敵愾心《てきがいしん》を抱いていた。しかし、日本に留学し、七年にわたって日本社会を見続けた魯迅は、いかに日本を嫌おうとも、日本人の誠実さだけは学ぶべきだと言っていたという（魯迅と親交のあった内山完造の著書に詳しい）。

魯迅は医学を志して来日するが、中国社会に必要なのは身体を治す医学ではなく、精神を改造する思想だと考え、文芸活動に転向した。その中で、魯迅が改造すべき点として挙げているのが、物事や他者に対する不誠実だった。平たく言えば、嘘をつくことに罪の意識がないことを問題視したのだ。

現代日本で誠実さが重んじられているか、やや心配したくもなるが、日本人の誠実さを魯迅がかつて評価していたことは、誇りに思っていいだろう。実は新渡戸は、武士道の末路を予見し、憂えていた。近代化の大波に洗われ、体系としての武士道が消え去ってしまうことは分かっていたのだ。その上で、形を変えても武士道の精神は継承されてほしいと訴えている。

盲目的に過去に立ち返る必要はない。ローマの「父祖の威風」と比較しながら、武士道を捉えなおしてみると、日本の文化や日本人の精神性が違ったかたちで理解できるのではないだろうか。古代ローマ史を専門とする日本人として、そんなことを思う次第だ。

7 泰平の夜遊び——娼婦と遊女

大江戸が誇るエンタメスポット

性愛を抜きに、歴史を語ることはできない。

文明あるところに売春あり。無論、江戸日本も例外ではない。一六〇三年、家康が征夷大将軍となって江戸に開幕すると、間髪を入れず、市中のそこかしこに遊女屋が出現した。都市建設のため各地から集まった職人や人夫、大名家の家臣らを相手に、たいそう繁盛したという。

一六一七年、これらの遊女屋を一か所に集め、現在の中央区日本橋人形町あたりに遊郭《ゆうかく》が開設された。これが吉原の始まりである。遊郭の設置は、第一に治安維持のためだったが、幕府は売り上げの一割を懐に入れている。つまり、公的なビジネスだったのである。

その後、日本橋が市街の中心地となっていったこともあり、吉原は浅草寺の裏に移転する。当時の浅草は市中の外れだったが、移転は大成功だった。吉原は以前にも増して賑わうようになる。

新吉原は、田圃《たんぼ》が広がるばかりの辺鄙《へんぴ》な在所に盛り土をして、四角く造成された。その面積は移転前の一・五倍近くに及び、東京ドームより遥かに広い。ローマでいうと巨大テルマエと同じくらいである。吉原は、江戸で唯一、夜通し灯りがつく別世界となった。周

新吉原（歌川広重画）

囲は堀で囲まれ、高い塀が巡らされた。入り口は大門一つのみ。門の両サイドには番所があり、一方には町奉行が派遣した同心と岡っ引きが詰め、往来に厳しい監視の目を光らせていた。

吉原は世界史的に見ても異色な遊郭である。というのも、吉原は全国から大勢の人が遊びに来るテーマパークとなっていたからだ。郭内のメインストリートである仲之町には、春になると見頃の桜が千本も移植され、都の女性たちも夜桜を楽しみにくる。言うなれば、人の絶えないエンタメスポットだったわけだ。妓楼《ぎろう》からは艶やかな音曲が聞こえ、桜や牡丹《ぼたん》で彩られた仲之町を、絶世の美人が妹分を引き連れてしずしずと進む。当時、これほど華やかな空間は他になかっただろう。秋になると、「俄《にわか》」と呼ばれる寸劇も行われていたようだ。

驚くべきことに、「吉原細見」なるガイドブックも発行されていた。また、華やかな吉原の様子や遊女たちを描いた浮世絵版画は、江戸土産として大好評を博し、数多《あまた》の絵師が筆をふるっている。なかでも吉原で絵の腕を磨き、遊女の日常を生き生きと描いて「北楼（吉原の異称）の絵師」と呼ばれたのが喜多川歌麿である。浮世絵に描かれる評判の遊女たちは、いわばアイドルであり、都の若い女性たちにとってはファッションリーダー的な存在だった。

吉原文化に君臨した「太夫」

吉原の遊女には、いくつものランクがある。最高位の「太夫《たゆう》」は、所作や容貌の美しさはもとより、高い教養を備えた別格の大スターだ。和歌を詠み、歌舞音曲に長《た》け、茶の湯も生け花も修める。そうした太夫のような高級遊女とまみえる遊興は「揚屋《あげや》遊び」と呼ばれた。それが可能だったのは、諸大名や徳川将軍家直属で家格のある旗本、あるいは町人の中でも飛び抜けて裕福な人々だけだった。太夫と遊ぶためには、途轍《とてつ》もなくお金がかかるのである。

ただし、金さえあれば誰でも遊べたわけではない。客は、まず揚屋の座敷に幇間《ほうかん》や芸者を呼んで盛大に宴を催し、そこで揚屋の女将や「遣手《やりて》」と呼ばれる老女の挨拶を受けた。これは一種の面接で、客は素性や品性、懐具合を品定めされているのだ。

ここで合格となれば、ご指名の遊女が、数人のお供を引き連れて妓楼からやってくるのだが、客は揚屋の座敷の上座を空けて太夫のお出ましを待たなければならない。ようやく太夫が姿を現しても、客のことが気に染まなければ、太夫は一言も発することなく帰ったという。なかには、待てど暮らせど太夫が来ないこともあったが、それでも料金を支払わなければならない。ここでは遊女が主役で、客に選択権はない。存外にシビアな世界なのである。

太夫に気に入ってもらえたとしても、初回は盃を交わして終了。つまり、顔合わせをするだけなのだが、遊女の揚代から宴会費用、女将や遣手らへの花代やら諸々のチップやらで総額は百万円近くに及んだという。二度目も料金は同じで、遊女は上座に悠然と座って黙っているのみ。三度目にようやく馴染みの客と認められ、本懐を遂げることに相成るわけだが、この時は毎度の料金に加えて「馴染金」なる祝儀も奮発する必要があった。

馴染みになるということは、吉原という別世界において夫婦になることを意味した。他の遊女への浮気はご法度で、万が一発覚すれば、苛烈な制裁が加えられ、慰謝料を取られたという。

これほど独特なしきたりやルールがある遊郭は、世界史にも例がない。だが、吉原という遊郭は、その手間暇も含めて楽しむような世界だったのだ。一流の文化人が歌会を開いたり、書画会を催したりと、無粋なことさえしなければ、身分や肩書に関係なく交流できる側面もあった。つまり、粋な大人の社交場としても機能していたのである。

遊女道を極めた才色兼備の太夫は、吉原に暮らした遊女たちのごく一握りだった。揚屋遊びの盛期でも、吉原にいた遊女千七百人のうち、太夫はたった五人だったという。しかし、太夫を頂点とする遊女たちの存在と吉原という場所が、「江戸らしい文化」を牽引《けんいん》し、豊かなものにしたことは間違いない。

おおらかなローマの風俗ビジネス

帝国の都ローマは、江戸と同じ百万人規模の大都市である。やはり、そこでは売春がビジネスとして行われていた。

ただし、吉原のように特殊な遊郭文化が形成された気配はない。往時の町の造りが分か

ルパナーレに残るフレスコ画

るポンペイ遺跡を見ても、そこに確認できるのは、ごくありふれた娼館の痕跡ばかりである。どうやら、市街の中心部にある曲がりくねった通りの一角が風俗ビジネスの中心地だったらしく、娼館が十九、春をひさぐ女性たちの部屋が九つ、売春が行われていたとおぼしき二階屋が三十五ほど確認されている。

ルパナーレと通称される二階屋をのぞいてみよう。暗くて狭い部屋が並ぶ屋内は、いかにもそれらしい雰囲気がする。なにより娼婦の痕跡を感じるのは、部屋の壁に書きなぐられた数多の落書きのためだろう。たとえば「女奴隷ロガスは八アス」「思いやりのあるメナンデルは二アス」といった娼婦の落書きは、彼女たちの値段をそのまま今に伝える。当時は、居酒屋でリーズナブルな定番ワインを頼むと一杯一アスの時代である。現代の常識から考えると、破格とも言える安さではないか。

落書きをしたのは娼婦たちだけではない。「アスベトゥス、ここにありき」「フロルスありき」と、悦楽の時を過ごした男たちも誇らしげに「証拠」を残している。なかには「フェリクスはフォルトゥナタと一緒に」など、友人と連れ立って来たことを刻んだ落書きもある。まるで観光地に落書きする不良少年のようだ。現代人が想像するような、後ろめたさや秘めやかさは微塵も感じられない。

ルパナーレ以外にも、テルマエの片隅や居酒屋の二階、はたまた名士の邸宅の一角にもそれらしい部屋があった。ポンペイの人口は、わずか一万人ほどである。街にはパンを売る店が三十五軒しかなかったのに、これほど多く愛欲の場があり、選《よ》り取《ど》り見《み》取《ど》りだったというのは驚きである。

帝国内の他の都市も、ポンペイと同じくらい風俗ビジネスが盛況だったと思われる。しかし、吉原のように特筆すべき文化が培われた記録や痕跡はどこにもない。ローマ人は質実で合理的な人々である。揚屋遊びのように、面倒な手順をあえて楽しむようなことは、はなから眼中になかっただろう。

ただ、遺跡に刻まれた落書きを見ると、誘うほうも誘われたほうも明るい響きを持っている。屈託がなく、実に大らかなのだ。ローマの遊郭には、吉原とは異なるしたたかな精神があったのかもしれない。

思わずにやりとさせられるのは、娼家近くの壁に客が刻んだと思しき「来た、やった、帰った」という落書きである。これは、カエサルが戦勝を知らせるためにローマに送った手紙の名文句「来た、見た、勝った」のパロディだ。大らかさの中にユーモアと教養がのぞく、あっぱれな落書きである。

ところで、貧しい市民や奴隷が通うような娼家はたしかに下品で汚らしかったが、それを嫌う人々もいた。生活にゆとりがあり好みがうるさい連中は、自宅に女性を呼んでいたという。名だたる身分の人々の中には、鬘《かつら》や頭巾《ずきん》をかぶり素性をかくして娼家に通う輩《やから》もいなかったわけではない。さらに上流の殿方には贅を尽くした高級娼家もあり、もっとも著名な事例として、カリグラ帝が宮廷内に設けた売春宿がある。まるで皇帝直営の娼家であり、恥を失った経営者がそこで良家の婦女子や自由身分の美少年を提供して稼いだらしい。それは例外としても、売春と娼家がローマ人の日常生活に様々な形でとけこんでいたことは言うまでもないだろう。

キリスト教と性規範

性に対するローマの大らかさは、中世以降のヨーロッパに受け継がれなかった。性愛に厳しい規範を課したキリスト教がヨーロッパ社会に浸透する中で、人々の意識が変わっていったのである。

キリスト教における性意識のあり方を如実に感じられるのが、十九世紀の作曲家リヒャルト・ワーグナーのオペラ『タンホイザー』である。快楽の女神ヴェーヌスの住む洞窟に籠り、堪能《たんのう》し尽くしたタンホイザーは、里心ついて人間界に戻るのだが、彼は洞窟で過ごした日々を「罪深い」ことだと思っている。また、ひょんなことから洞窟にいたことが露見すると、人々は彼を糾弾《きゅうだん》し、女性たちは嫌悪感を露《あら》わにする。罪を償うため、タンホイザーはローマ巡礼への旅に出るが、そこでも赦《ゆる》しは得られない。作品の第二幕で、タンホイザーは「愛」をテーマとする歌合戦に参加するのだが、他の参加者が「愛の純粋」「徳」「名誉」を謳いあげる中、彼が歌うのは「官能的な愛」である点も、それが罪悪視されていたことを雄弁に物語っている。

『タンホイザー』と同じく、十九世紀半ばに発表されたジュゼッペ・ヴェルディのオペラ

『椿姫』は高級娼婦が主人公で、原題の La Traviata は「道を踏み外した女」の意味を持つ。初演のイタリアでは、主役が娼婦なのはいかがなものかと当局から難色を示されたが、彼女が結核で死ぬエンディングならばということで、上演許可が下りたという伝説がある。こうした事例を見ると、ヨーロッパ社会における娼婦への眼差しは厳しいものになったという他ない。

とはいえ、キリスト教の価値観が社会に浸透していたヨーロッパにも、娼婦は常に存在していた。たとえばルネサンス期以降は、王侯貴族をパトロンとする高級娼婦がいて、美貌と機知・教養を具えた彼女たちは、上流社会の社交界などにも出入りしていた。また、十八世紀のフランスには、貧しい生まれの女性が高級娼婦となり、国王の寵愛を受けて宮廷内で大きな影響力を持つまで昇りつめたケースもある。社会全体に潜在的な忌避観が根強くある中で力強く生きた娼婦たちの矜持《きょうじ》は、事情は大きく異なるものの、吉原の太夫にも通じるところがあるだろう。

ただし、これは上流階級における特殊なケースである。巷では娼館の女性たちは差別の対象で、裏社会に生きることを余儀なくされていた。そんなヨーロッパ人にとって、日本で遊郭が公然と営業していることは衝撃だった。幕末に来日した外国人の記録には、品川宿の活況を見た様子が驚きとともに綴られている。

一般にこうした施設は日本では料理屋と同様、生活に必要なものとみなされているようである。白昼、娼家から出てくるのは、われわれの国でいえばコーヒー店から出てくるのと同様でほとんど問題にならない。（『江戸参府紀行』斎藤信訳、平凡社東洋文庫）

この記録を残したのは、長崎オランダ商館の医師シーボルトである。キリスト教的なモラルを内面化した彼にとって、日本の性慣習は信じられないものだったのだろう。

吉原の栄枯盛衰

シーボルトが品川で遊郭を目撃していたように、江戸に存在した遊郭は吉原だけではなかった。

街道沿いの宿駅の旅籠《はたご》には、「飯盛女《めしもりおんな》」と呼ばれる女性たちが働いていた。文字通りの飯盛給仕だけでなく、彼女たちは〝娼売《しょうばい》〟も行う、言うなれば「もぐり」の遊女であった。とりわけ、江戸の出入り口となる五街道にある四宿《ししゅく》（品川宿、内藤新宿、千住宿、板橋宿）は、近辺に住む人たちも盛んに利用して、遊里のような賑わいを見せていたと伝わる。

当初、幕府は宿場での売春を禁じていた。ところが一向になくならないため、飯盛女を「一軒二人まで」と条件付きで認めることにした。往来の激しい品川宿は、どうやら人数制限にお目こぼしがあったようで、実に五百人もの飯盛女がいたという。

四宿のような幕府非公認の「岡場所」は、ほかにも寺社仏閣の参道付近など江戸各所にあり、十八世紀後半には八十近くあったという。さらに、市中には夜に風呂屋で営業する「湯女」もいる。しきたりが多くて値の張る吉原より、近場で気軽に遊べる場所に庶民の足が向くのは当然のなりゆきだろう。

こうした流れに押されて、吉原も江戸初期とは趣が異なってきた。最高ランクの遊女である太夫は十八世紀半ばには絶滅し、次いで位の高かった「格子《こうし》」もいなくなると、以後、相対的に上位の遊女を「花魁《おいらん》」と呼ぶようになった。

ところが、花魁に太夫のような矜持は望むべくもなかった。たとえば、太夫は上質で品のある衣装をまとい、揚屋に向かう道中に着たものは二度と袖を通さなかったというが、太夫が絶滅した後の花魁たちは、綿入りの派手な衣装を繰り返し着まわした。化粧の濃さを見ても、太夫がほぼすっぴんだったのに対し、時代がくだるほど、けばけばしく、厚塗りになっていったという。

なぜ吉原はこんなにも変わってしまったのか。端的に言えば不景気のためである。吉原の文化を支えた大名・旗本に対して、幕府が遊郭通いを控えるよう通達したことに加え、度重なる天災と不景気で大名家・旗本家の首が回らなくなっていたのだ。一時は羽振りのいい商人がその代わりを務めていたが、これも十八世紀後半の寛政の改革で打撃を受け、大門を揚々《ようよう》とくぐることが難しくなっていたのである。

寛政の改革は、質素倹約に綱紀粛正を旨とする。これにより岡場所の取り締まりが強化され、職を失った市中の遊女が吉原に流れ込んできたことも、吉原文化が凋落する原因となっただろう。質の低下と競争の激化により、どんな遊女もかつてのような高嶺の花ではいられなくなった。

やがて世界にも稀有《けう》な吉原文化は崩れ、幕末には料金システムを刷新すると、「遊女大安売」のチラシを配る店まで出てきた。

職業としての娼婦

ところで、娼婦（遊女）を一つの職業と捉えることは妥当だろうか。意外に思われるかもしれないが、この問いは「歴史をどう捉えるか」という問題につながっている。

現代日本人の目には、維新以降の近代化過程で獲得したフィルターがかかっている。西洋から輸入されたキリスト教的な価値観や、英国ビクトリア朝の道徳観である。加えて、西欧と肩を並べるために、日本の伝統的な文化や価値観を否定した日本人自身の言説も少なからぬ影響を及ぼしているだろう。そうしたフィルターを意識的に外さなければ、江戸時代の人々と同じ価値観で考えることは難しい。

多くの遊女たちにとって、吉原が苦界であったことは間違いないし、たとえ高位の遊女でも憂いがなかったわけではないはずだ。江戸中期の俳人・与謝蕪村《よさぶそん》は「傾城《けいせい》はのちの世かけて花見かな」と詠んでいる。傾城（遊女のこと）は自由に花見もできず、特殊な境遇にあるというわけだ。

しかし、吉原でその道を極め、世界に類を見ない文化をつくり上げていった太夫の矜持やプロ意識、あるいは、遊びの粋を追求していった客の意気は、間違いなく江戸文化を形成する一つのエッセンスとなっている。なりたくてなったわけではない遊女たちが、社会から軽蔑《けいべつ》されてはいなかったことにも目を向ける必要があるだろう。遊女は一つの職業として認知されていたのである。

思えば、日本では、それぞれの役割を重んじる精神性、一つのことを突き詰めていく職人的な美学、道を極めた人を頂点とするヒエラルキーを形成する文化が色濃い。「道を究める」という言い方がまさにそれだ。たとえば、石門心学《せきもんしんがく》を創始した石田梅岩《ばいがん》は、商人や利潤追求活動を蔑む「賤商論」を否定し、正直・誠実を旨とし社会に利益をもたらす「商道」のあり方を説いた。泰平を享受《きょうじゅ》した江戸期は、各自が己の道を究めていく時代でもあったが、吉原もその例外ではなかったと言える。

道を究めていく日本の精神性は、明治以降も様々な分野に受け継がれた。吉原のもてなし文化を受け継いだのは、遊女ではなく芸者衆だろう。遊女と芸者は混同されることも多いが、遊客が太夫を迎えるために催す宴を、踊りや三味線で盛り上げたのが芸者である。当初は男性の仕事だったが、いつの頃から女性が担うようになった。

彼女たちは日本伝統の芸を磨き、また、お座敷で客をもてなす話術や美しい所作、教養や機知を身につけて、芸者道を極めてきた。伊藤博文をはじめとして、明治時代の政治家や文化人の中には、芸妓を妻に迎えた人が多く存在する。現在でも、赤坂や向島などの花街で芸者たちが活躍し、歴史や文化を脈々と伝えてくれる。

人間の本質は「遊び」にある

そもそも、古代ギリシアや古代ローマでは、労働は忌むべきものと考えられていた。報酬や給料を得ること自体が下品なことと蔑まれ、たとえば街角で子どもたちに読み書きを教えていた教師も、非常に価値のある仕事をしていたにもかかわらず、最低の部類の職業とみなされていたのである。

また、利子をとって同胞に金を貸すことを禁じたキリスト教の影響で、金融業は長らく汚れ仕事とされてきた。『ヴェニスの商人』のシャイロックに象徴されるように、中世ヨーロッパでは金貸しに携わる人々が蔑まれていたし、日本でも江戸時代までは商業活動が卑しいものとされていた。こうした商業活動に対する差別意識は、前近代社会に共通して見られるものであった。

このように、職業に対する人々の意識は時代時代で大きく異なる。現代的な人権意識や規範から見て、娼婦や遊女を「哀れな人たち」と決めつけるのは、一面的にしか物事を見ていないと言わざるを得ない。

ちなみに、長らく蔑まれてきた労働が価値ある営みと捉えられるようになったのは、意外にも近代に入ってからのことである。社会学者のマックス・ヴェーバーは、主著『プロテスタンティズムの倫理と資本主義の精神』の中で、まさにそのことを上部構造論として明らかにした。

資本主義が隅々まで行き渡っている今日の社会では、労働こそが美徳であり、遊びや余暇は人の生にとって二の次になっている。とかく日本ではその傾向が強いかもしれない。だが、オランダの歴史家ホイジンガが喝破したように、人間は「ホモ・ルーデンス（遊ぶ人）」に他ならない。そこにあるのは、遊びの世界や悦びの空間に生きることが、文明を発展させてきたという視点である。他者と交わり遊ぶことは、幸福の源泉であり、人間の根源的欲求なのだ。

なにも皆で快楽に溺れろと言うわけではない。社会に「遊び」の余白を認めるほうが、結果的に豊かで幸せになれると思うのだが、いかがだろうか。

8 権威に通じる道——アッピア街道と東海道五十三次

「攻め」のアッピア街道

私たち人類は、道を伝《つた》って文明を繁栄させてきた。

紀元前八世紀の半ばに建国されたローマは、その版図《はんと》を拡大すべく、前三一二年に全長およそ二百キロの街道敷設に着手している。

この難事業を立案し、元老院貴族の反対を押し切って見事完遂したのが、軍人のアッピウス・クラウディウスである。ローマを風呂大国にするきっかけとなった、アッピア水道を造った人物としても名高い。ローマからイタリア半島南岸まで一直線に伸びるこの街道も、彼の名にちなんで「アッピア街道」と名づけられた。

街道造りはローマ人が始めたことではない。事実、ギリシア人やエトルリア人も高い土木技術を持っていたし、そもそもローマ人は彼らに学んだのである。だが、ローマの街道には際立った特徴があった。スタート地点から目的地まで、ほぼ一直線に造られていることである。

従来のセオリー通り、無難に工事を進めるのであれば、地形に合わせて道を曲折させればよい。しかし、アッピウスはそれをよしとしなかった。なぜならば、アッピア街道が軍用道路だったからだ。ルートの途中に山があり、場合によってはトンネルを造る必要があっても、できる限り最短距離での建造が目指された。軍隊を一刻も早く紛争地に派遣するためである。

ひとことで言えば、ローマの街道は、自分たちがより速く、より遠くに行くことを考えている「攻め」の街道なのだ。しかしそれは、ローマに攻め込んでくる敵も、この街道を使えば、易々とアクセスできることを意味する。まさに諸刃の剣だ。しかし、ローマ人は守ることより、とにかく攻めることを最優先に考えた。とにかく真っ直ぐ造る。それが古代ローマにおける街道造りの基本理念だった。

ローマは、古代地中海世界の中では後発の小ポリスである。ところが街道を敷設した頃のローマは、周辺諸国との戦いに勝っては領土を併合し、個々のポリスと同盟関係を結んだり、要所要所に軍事拠点を設けたりと、破竹の勢いで勢力を拡大していた。おそらく彼らには、この先もローマは領土を広げ、発展し続けるという確信があり、首都を守り切る自信もあったのだろう。

ちなみに、アッピア街道沿いはキリスト教の重要施設が多いことでも知られる。

皇帝ネロによるキリスト教弾圧で追われる身となった聖ペトロは、アッピア街道の途上で、イエスの幻影に出会ったとされる。現在、その場所に建っているのがドミネ・クォ・

ヴァディス教会である。「主よ、どちらへ行かれるのですか？（ドミネ・クォ・ヴァディス？）」と尋ねるペトロに、イエスは「ローマへ。再び十字架にかけられるために」と答える。それを聞いて自分のなすべきことを悟ったペトロは、ローマへと引き返し、逮捕されて磔刑《たっけい》に処されたという。刑場となった土地は、のちにカトリック総本山となるバチカンである。

帝国全土に広がる街道

ところで、なぜアッピウスは最初の街道（アッピア街道）を、ローマから南方へと敷設したのだろうか。

アッピア街道でローマと結ばれたイタリア半島の南岸には、古来、ギリシア人が住んでいて、この地域は「マグナ・グラエキア（大いなるギリシア）」と呼ばれていた。彼らギリシア人は、ラテン語を話すローマ人を蛮族《ばんぞく》と蔑んでおり、そのことに端を発する衝突から、ローマ軍はマグナ・グラエキアへと攻め込んでいく。

ギリシア人たちは、対岸の国エペイロスのピュロス王に援軍を要請した。アレクサンドロス大王を気取る野心家のピュロスは、二万五千もの兵と二十頭の象を率いて、イタリア半島に意気揚々と乗り込んだ。さしものローマ兵も、巨象の隊列には恐れをなして敗走した。この敗戦を受けて話し合ったローマの元老院貴族たちは、これ以上戦って半島深くにまで侵入されるより、ピュロス王が示す和平案に応じたほうが得策だと結論する。すっかり弱腰になっていたのだ。

そんな元老院の面々を一喝したのが、すでに年老いて、視力をも失っていたアッピウスである。息子たちに付き添われて元老院の議場に現れたアッピウスは、「ピュロスごときの脅しに屈するなど、ローマの誇りと名声を台無しにする愚行だ」と断じた。その演説を聞いて鼓舞されたローマ人は、紀元前二七五年、ベネウェントゥムの戦いでピュロスの軍勢を破る。これにより、長靴型をしたイタリア半島の「踵《かかと》」と「つま先」までをも、帝国の支配下に収めたのである。

アッピア街道が南方に延びているのは、いつかマグナ・グラエキアを攻め込むという、アッピウスの意思によるものかもしれない。アッピア街道以外の街道にも似たような事情がある。ローマの街道は基本的に斃《たお》すべき敵がいる地域へと延びているのだ。

紀元前三一二年のアッピア街道に続き、前二二〇年には北に向かうフラミニア街道が敷設されている。イタリア半島の西岸に沿って北西へと延びるアウレリア街道が敷設されたのは、だいたい前二四四年頃だろう。その後もウァレリア街道、カッシア街道、クロディア街道、サラリア街道、ドミティア街道が次々と創建されている。これらの街道から四方八方に延長されて、帝国全土に幹線道路が広がっていった。

卓越した土木技術

アッピア街道の全長は、最終的には五百六十キロメートルにまで及び、いつしか「街道の女王」とも称されるようになった。

今でこそインフラ整備は国の重点課題というのは常識だが、二十八歳で大きな権限を持つ監察官（ケンソル）に就任するやいなや、直ちに街道建設に動いたアッピウスの慧眼《けいがん》には感嘆するほかない。彼は、軍人としては凡庸な指揮官だったが、国家のインフラ造りには非凡な才を発揮した。

古代ローマの技術にも目を見張らされる。アッピア街道は、深い路床を掘って造った堅固な基礎の上に、整然と敷石を並べて舗装している。また、水はけをよくするため、現在の道路でいうセンターライン部分を少し高くする工夫も施されている。しかも、アッピア街道は現存部分の多くが今なお使用されているのだ。

舗装道路はメンテナンスを必要とする。現代日本でも、年度末になると、あちらこちら

古代ローマの主な街道

で道路の補修工事が行われているが、アッピア街道の見事な石畳は、百年に一度の補修で十分だったという。実際、二千三百年もの使用に耐えているのだから、彼らの土木技術は並外れていた。敷設から四百年後のローマで活躍した博物学者のプリニウスも、「この土木工事は奇跡だ」と感嘆している。

アッピア街道を皮切りに造られたローマの街道網は、舗装された三百七十五本の幹線だけでも八万キロ以上に及ぶ。支線や未舗装の道を含めると、少なくとも十五万キロ――なかには三十万キロ近くになるという説もある。肥沃《ひよく》な地に人類が育んだ文明は、外の世界へと通じる道を大地に刻み、道伝いに文明と勢力拡大の欲望を広げてきたのだ。

古代世界において、これほど広大な街道網をめぐらせていたのは、ローマ帝国と漢帝国だけであろう。実は、この二つの帝国は、ほぼ同じような時期に成立している。ローマが宿敵ハンニバルと「ザマの戦い」で火花を散らしていた紀元前二〇二年、項羽の楚軍と劉邦の漢軍も「垓下《がいか》の戦い」でしのぎを削っていた。ローマは、ザマの戦いに勝利したことで実質的に地中海の覇権を握るが、漢が東アジアの覇権を握ることになるのも、垓下の戦いに勝利したことが決定的だった。

興味深いことに、漢帝国もまた、できる限り真っ直ぐな道を造り、道幅ではローマの街道を凌《しの》いでいたと言われる。ただし、文献に記録が残っているのみで、その真偽は確かめようがない。古代中国の道路は砂利を敷き詰めただけで、ローマの街道のように舗装されていなかったため、ほとんど跡形もなく消え去ってしまったのだ。やはり古代ローマの土木技術は群を抜いて優れていたと言えよう。

「守り」を重視した江戸の五街道

江戸時代に徳川幕府が整備した五街道は、ローマとは逆の発想で整備されている。ローマの街道が「先手必勝」だとしたら、江戸の街道は「専守防衛」と言えるだろう。大きな川に橋を架けなかったり、あえて道をクランク状に曲げたりと、わざわざ江戸に入りにくいようにしていたのだ。

周辺国と戦いを繰り広げていた時代に計画に着手したローマの街道敷設に対し、江戸の五街道は、すでに天下国家を取った徳川が整備したものである。もはや外に攻める必要はなく、叛逆を阻止すればいい。こうした事情の違いが、道のあり方にも表れているように思う。

徳川家康が交通網の整備に乗り出したのは、慶長六（一六〇一）年、関ヶ原の合戦を繰り広げた翌年のことである。家康は、まず江戸と京の都を結ぶ東海道に宿場（宿駅）を定め、各宿場に伝馬三十六頭を常駐させ、人や荷物を運ぶ馬を交代させる仕組みをつくった。出発地から目的地まで、同じ馬で移動するのではなく、宿場で乗り換え、その都度、幕府が賃銭を徴収したのだ。もちろん馬の疲労を考えた仕組みでもあるが、参勤交代で移動する大名の支出を増やす狙いもあった。

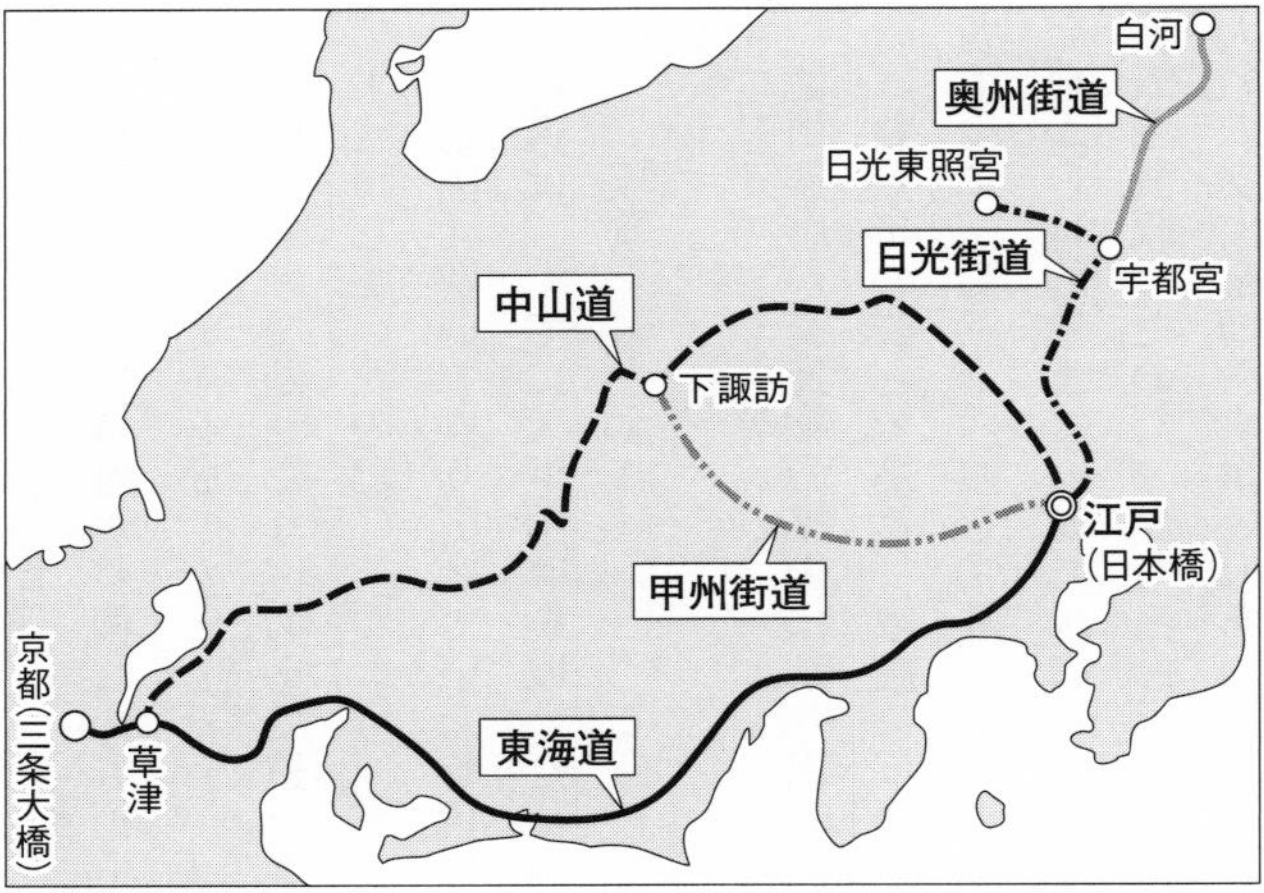

日本の五街道

翌年には、江戸から山間部を通り、京の手前で東海道と合流する中山道にも宿駅を整備している。さらに慶長八（一六〇三）年、江戸に日本橋が架設され、ここを起点として各街道に一里塚が築かれていった。東海道と中山道に続き、甲州街道、日光街道、奥州街道が整備され、五街道と総称される江戸時代の幹線道路が出揃った。よく私たちは「東海道五十三次」と呼ぶが、これは東海道に宿駅が五十三あったからで、同じ理屈で言えば中山道は六十九次（東海道と草津で合流するまで）、甲州街道は四十四次（中山道との合流まで）、日光街道は二十一次、奥州街道は二十七次となる。

　東海道の島田宿と金谷宿の間には、道中

最大の難所と言われる大井川があった。架橋や渡船が禁じられ、馬に乗っての川越えも侍以上の人にしか許されなかったため、基本は歩いて渡るしかなかった。その上、大雨などの増水で水深が四尺五寸（約一三五センチ）を超えると、その日の川越えは許されなかった。多い時には数百人から千人超の人が足止めを食わされたようで、天候が回復せずに何日も足止めされれば、宿代だけでも相当な負担だっただろう。「箱根八里は馬でも越すが、越すに越されぬ大井川」と詠われたのは、そのためである。

泰平の世が道を変えた

江戸日本の街道は、思いのほか整備されていたようだ。

五街道は、砂利と砂で路面を固められていた。慶長十（一六〇五）年、徳川二代将軍秀忠は、街道の道幅を基本的に約九メートルと定め、暴風対策のために並木を植えるよう指示している。その七年後に幕府が出した「覚」では、綺麗な道に土を置くことを禁じ、道の脇に水が流れる措置をとるよう命じている。ぬかるんだ道が往来を妨げないようにするためだろう。アッピウスがそうだったように、江戸の為政者も街道の水はけを考えていたのだ。

天下統一を果たした幕府が、主要な「道」を押さえて厳しく管理したのは、謀叛の芽を摘むことが第一義にあった。しかし、五街道の完成からほどなくすると、全国各地からヒト・カネ・モノが江戸に集まり、商業を活性化させていくことになる。と同時に、人口百万人を誇る江戸の文化や情報を、津々浦々に伝播《でんぱ》するパイプラインともなった。泰平の世が道のあり方を変えていったのだ。

最初は軍事目的で造られたローマの街道も、圧倒的な軍事力で周辺地域を征し、帝国に「パクス・ローマーナ」と言われる平和な時代が訪れると、荷物や文化を運ぶハイウェイとして大いに活用された。もちろん、そうした時代にも周辺諸国との小競り合いはあったが、軍隊は紛争の前線に近い辺境に配備されており、わざわざ首都ローマから出向く必要はなかった。駐屯地が整備されていたからだ。

ドナウ川を望むウィーン郊外のカルヌントゥムも、そうした軍事拠点の一つである。五賢帝の一人、マルクス・アウレリウス帝が書き残した『自省録』の一部は、この地に設営したテントの中で、蠟燭の灯りを頼りに書かれたと言われる。「人生は戦いであり、旅のやどりであり――」と綴られる第二巻の最後には、「カルヌントゥムにて」と記される。

つまり、五賢帝の時代にもなると、もはや敵と戦うためにローマの街道を進軍する必要がほとんどなく、軍が街道を使うのはローマの都に凱旋《がいせん》する時くらいだったのだ。かつて帝国内に跋扈《ばっこ》していた山賊集団もかなり抑えられ、平生は人々が物資を運んだり、旅をしたり、交流したりする際に使われていた（もっとも、物資の運搬は海上輸送がメインだったが）。

帝国崩壊後、中世ヨーロッパの諸国家はローマの街道をインフラとして利用したが、それをメンテナンスする資力も組織もなく、荒れ放題だったようだ。先述したとおり、古代ローマ時代の街道は現在もその痕跡を留めているが、往時の道路をそのまま使用するのではなく、その上に新たな道路を敷設したり、古代の街道ルートと並行して自動車用の道路が新設されたりしている。

そのまま使われなかった理由の一つは、道の幅員であろう。現代の幹線道路は片側だけでも複数の車線を要するから、当時のまま利用するわけにはいかない。ちなみに、アッピウスが造った道に並行して、新たなアッピア街道が敷設されたのは、一七八四年のことである。現在は、旧街道の北東を並行して走る、その名も「新アッピア街道」という高速道路が整備され、こちらはローマ市街からチャンピーノ空港を経由して、その先の南東方向で旧街道と合流している。

ローマ皇帝が皇帝たる所以

ローマ人があれほど強固な道を残そうとしたのは、強大な「権力」の象徴としてではなく、圧倒的な「権威」を示すためではないだろうか。もともとローマ貴族の間では、「権威をもって支配せよ」ということが言われる。権力というものは、煎じ詰めると軍事力になる。もちろん軍事力の重要性を否定するわけではないが、それだけでは人はついてこない。そうした自覚から生まれた教訓だろう。

ローマにおける権威の重要性を示しているのが、初代皇帝のアウグストゥスである。彼は、自分が一国の王（rex）であるとも、皇帝（imperator）であるとも言わなかった。アウグストゥスは「自分はローマ市民の第一人者である」と言う。ローマ市民名簿の筆頭に来る人間ではあるが、だからといって特別な地位にあるのではない、ということだ。

ラテン語のrexは昔から「王」を指す言葉で、アウグストゥスはこれを決して使おうとしなかった。imperatorも本来は「最高指揮権の保持者」という意味で、アウグストゥス自身は使わなかったものの、周囲や後世の人が彼をそう呼んで称賛したため、やがて「皇帝」という意味で使われるようになった。最初から皇帝という意味を持っていたわけではない。

ちなみに、同じ事情は「カエサル（Kaiser）」という称号にも当てはまる。近代ドイツ語では「カエサル」を皇帝という意味で使うが、これもアウグストゥスが、自分を後継者に指名した大叔父カエサルの名「ガイウス・ユリウス・カエサル」を継承したことに由来する。ロシア語では発音が変化して「ツァーリ」として残っていった。

アウグストゥスは、自らの人生と業績を回顧した『業績録』の最後で、次のように綴っている。

私は他の人間よりも権力（potestas）において卓越しているわけではない。ただ、権威（auctoritas）においては、確かに他の人よりも優っているかもしれない。

権威を備えることこそが、ローマ皇帝のローマ皇帝たる所以なのである。

権威はどうつくられるか

「すべての道はローマに通じる」と書いたのは、十七世紀フランスの詩人ラ・フォンテーヌである。この格言は、単なる物理的な道の話ではない。地中海沿岸を中心に、見渡す限りの世界を掌中にしたローマには、軍事力・政治力・経済力も含めて、人類が三千年にわたって培ってきた文明が集約されていた。ローマの街道は、帝国の誇りや権威をビジュアルに象徴しているのである。

アウグストゥスが権威の重要性を強調したのは、権力だけでは長く国を治めていくことはできないと考えていたからだろう。権威なき権力は恐怖政治に転じやすく、それは自らの足元を危うくする。自らの権力を盤石にする上でも、権威を伴うことは不可欠と言っていい。

権力者の権威を高める上で、資力も動員力も求められるインフラ整備は、効果絶大だったと思われる。堅牢な街道を建設すれば、長く使われることにつながる。いくらか時代を下っても、誰の治世下で造られた道であるかが記憶されている。権威という目に見えない価値は、人々の記憶が歴史性を帯びて積み重なってできた、その土台の上に形成されていくものなのだ。

日本はどうだろうか。イザヤ・ベンダサンは、著書『日本人とユダヤ人』の中で、日本は権力と権威を分けてきたと指摘している。江戸日本では、徳川将軍が最高権力者として君臨《くんりん》していたものの、権威は京の都にいる天子様にあった。また、大日本帝国憲法においては天皇が最高権力者となっているが、明治天皇や大正天皇は、平安の昔のような絶対君主ではなかった。続く昭和天皇も、法的制約を受ける立憲君主であることを厳に意識していた。

誤解を恐れずに言えば、日本は「権力」と「権威」を分離して、巧みに国体を維持してきたのだ。だからこそ、徳川幕府は天皇の権威を冒すことはせず（様々な制約を課してはいたが）、最後は十五代将軍慶喜が天子様に政権のすべてを委ねるという形をとったのである。古代ローマ史を専門とする日本人である私からすれば、統治者のあり方、権威の示し方は、洋の東西でだいぶ異なるように見える。

国内を安定させた参勤交代

江戸日本の場合、道と権威について考える上で外せないのが参勤交代だろう。家康や秀忠が五街道の整備に取り組んだのち、三代将軍家光によって制度化された。

参勤交代は実に面白い政策である。世界史的にみてもほとんど類例がなく、二百年以上にわたって脈々と継続した。これは驚くべきことだろう。

参勤交代は、各藩主の本妻と嫡子《ちゃくし》を江戸に住まわせ、藩主に江戸と国元を定期的に往復させ、かつ居住させるという制度である。一年間江戸住まいをしたら、国元に帰って一年暮らすというのが原則だったが、江戸周辺に領地を持つ譜代大名は半年ごとに行き来させられていたし、水戸藩のように江戸在府を義務付けられていた藩は、参勤交代を免除されるなどの例外もあった。

大名行列の構成や規模も、厳密に決められていたわけではない。しかし、各藩とも見栄をはり、格式を重んじて壮麗な行列を組んで粛々と歩いてくる。それは藩にとっての権威の見せ場の一つでもあり、同時に、それをさせている江戸・徳川の権威を高める効果もあった。

加賀百万石の前田家の行列は、最大で総勢四千人にのぼったという。そうとなると、街道沿いの宿場ではその都度四千人分の宿と食事を確保しなければならない。当然、江戸住まいをしている間の費用も膨れ上がる。参勤交代は、諸大名に金を使わせ、財力を削ぐことも狙いの一つであり、それによって謀叛の芽を摘み、持続可能な治世の土台を築いていったわけだ。

周知のように、ヨーロッパには参勤交代の制度がない。あえて似た例を一つ挙げるならば十字軍になるだろうが、諸国から人員が動員される点は同じだとしても、参勤交代のように定期的な往来を強いるものではない。全国から藩主の妻子を「人質」にとって江戸に留め置いた徳川の治世は、おそろしく強権的なものと言わざるを得ない。しかし、参勤交代があったからこそ、大規模な内戦が起きることもなく、二百五十年以上に及ぶ平和を享《きょう》受《じゅ》できたとも言える。どちらがよかったのか一概には言えないだろう。

参勤交代の「副産物」

参勤交代には「副産物」があった。ここでは三つほど挙げてみよう。

第一に、参勤交代は多様性をもたらした。徳川宗家の十八代目にあたる徳川恒孝《つねなり》は、著書『江戸の遺伝子』の中で、北から南まですべての藩が江戸にやってきて、江戸で交流することで、日本が一つになっていったと主張する。各藩きっての知者が江戸で交わり、互いの文化を知り、あるいは江戸の昌平坂《しょうへいざか》学問所で机を並べて共に学ぶ。実態は定かでないが、江戸を中継地として、地方の文化や特色が全国に広まるきっかけにもなったことは容易に想像できる。

鎖国政策が敷かれた江戸時代の日本は、外国文化の流入が限定的だった。だが、この狭い島国に「江戸三百藩」とも言われるほどの藩が存在しており、実質的には小国が乱立しているような状態である。それらが江戸に集まるのだから、ヒト・モノ・カネの動きは凄まじかった。世界史的な規模で考えれば、これほど多様性を備えた都市は他になかったのではないか。

第二に、参勤交代は庶民の暮らしを向上させた。現代的に言えば「富の再分配」が起きたのである。

参勤交代は各藩の財政を疲弊させたが、宿場町に暮らす庶民や、江戸の屋敷地に出入りする町方にすれば、格好の稼ぎ時に他ならない。大名行列は数百数千の規模で食事や寝床を必要とし、それだけで膨大な金が街道に落ちる仕組みになっている。大名家に私財をばら撒かせ、幕府に逆らえないようにしたと言えば聞こえは悪いが、参勤交代のおかげで庶民の暮らしはだいぶ助けられたに違いない。なにせ、今と違って内需で経済を回すしかないのだから。

第三に、参勤交代は武士ネットワークを形成した。

幕末維新の激動期を見ても、互いに反目して争いが起きたものの、世界史を眺めてみれば、これほど流血の少ない「革命」は他にない。その後に廃藩置県がおおむねスムーズに進められた経緯を見ても、参勤交代によって形成された武士ネットワークが大きな働きをしたのではないか。さらに言えば、明治初期に日本が植民地化をまぬかれたのも、武士ネットワークに拠るところが大きいと思うのだが、これは言い過ぎだろうか。

グローバル化の落とし穴

世界史を振り返ってみると、軍事的・政治的な理由で造られた道であっても、やがて交流の呼び水となり、文明に発展をもたらすことが分かる。

江戸時代の五街道にしても、古代ローマの街道にしても、往来の手段やインフラを整備することで社会は大きく発展した。それを極度なまでに進めた末に行き着いたのが、ありとあらゆるものが一瞬にして世界の隅々まで広まってしまう現代である。

私たちは至るところに道を敷いてきた。陸路のみならず、海路や空路をも発展させ、仮想空間（インターネット）でも世界中の人々とつながっている。グローバル化とは、詰まるところネットワーク化に他ならない。新型コロナウイルスがもたらした狂騒は、ヒト・モノ・カネが目まぐるしく動くグローバル時代を象徴するものだった。人類がつながりを追い求める以上、感染症は常にリスクとなるだろう。富の偏在や温室効果ガスなどの問題も、私たちが道を敷設してきたことと無関係ではない。

また、テクノロジーを背景とする現代のネットワーク化は、権力の集中を好まない傾向にある。その典型例が仮想通貨だろう。普通、通貨の発行権は各国の中央銀行にあり、国の信用がその価値を保証するが、仮想通貨にはそうした考え方がない。言ってみれば、つながりが価値を創造しているのである。

そんな時代に、権威をもって課題を解決するリーダーが現れるのだろうか。至るところに道を張り巡らせた結果、どの道を進めばいいのか分からなくなってしまった——そんなオチにならないといいのだが。

9 耐えられる腐臭——下水道と肥溜め

欧米人が驚いた江戸のトイレ事情

日本は世界に冠たるトイレ大国である。

海外から来日したアーティストやセレブが、日本のトイレの温水洗浄機能にいたく感激し、帰国して自宅に設置しようとする例も多いと聞く。二〇二一年に開催された東京オリンピック・パラリンピックの選手村でも、トイレの排泄《はいせつ》音を他人に聞かせないために人工的なせせらぎの音を流す機能が、海外選手たちの度肝を抜いたと報道されていた。日本に暮らす私たちにとっては、いずれも当たり前のように目にする機能である。

私はヨーロッパを頻繁に訪ねるが、出先でトイレを利用する際には小銭が必要となる場合が多い。水道代や清掃代などの一部を利用者が負担するわけだ。だからと言って、綺麗に清掃が行き届いているわけではない。日本では至るところに公衆トイレがあり、比較的清潔に維持されているし、無料で利用することができるが、世界的に見ればそちらのほうが特殊なのである。

日本のトイレ事情に驚いたのは、現代の外国人旅行者だけではなかった。幕末に来日した欧米人は、江戸が百万もの人口を擁する大都市でありながら、街路が清潔なことに感嘆したという。掃除が行き届いているということではない。糞尿が垂れ流されていないことに驚いたのだ。

江戸が泰平の世を謳歌《おうか》していた頃、ヨーロッパの貴族は毎夜のように舞踏会を楽しんでいた。とりわけ絢爛《けんらん》だったのがヴェルサイユ宮殿での舞踏会だろう。しかし、十七世紀末に建設された当初のヴェルサイユ宮殿には水道が引かれておらず、トイレは腰掛け型であった。いわゆる「おまる」のようなスタイルである。

宮殿内に住んでいたのは、国王ファミリーに加えて、貴族や召使いなど総勢四千人余と言われる。おまるは三百個もなかったそうだ。明らかな「おまる不足」のため、庭の茂みはもとより、間に合わない場合は廊下や部屋の隅で用が足されていた。宮殿内はおそろしく臭かっただろう。いや、無事におまるに収まった糞尿も、かの美しき庭園内のどこかに捨てられていた。ヴェルサイユ宮殿には、人糞の臭いが漂っていたはずだ。

贅の限りを尽くした宮殿ですらこの有り様だから、庶民のトイレ事情は推して知るべしだ。おまるや尿瓶《しびん》にたまった糞尿を捨てに行こうにも、集合住宅の上階に住んでいる人は大変だ。排泄物を運んで昇り降りするのは面倒だからと、おまるの中身を窓から通りにぶちまけていた。おかげで、通りや広場は汚れ放題である。都市化が進み、特定の地域に人口が集中する一方で、下水処理の整備が追いつかなかった以上、当然の帰結である。今でもパリに行くと、朝から通りに水を流す光景を目にする。排泄物を通りに流していた、当時の習慣の名残《なご》りではないか。

また、往時の人々がマントを着ていたのは、防寒のためだけでなく、頭上から降ってくる汚物よけだったという説もある。あるいは、十七世紀初頭に登場したハイヒールも、糞尿のぬかるみで裾を汚さないためのもので、当初はつま先のほうも上げ底になっていた。いずれも諸説あるうちの一つに過ぎないが、ヨーロッパの糞尿事情はそれほど深刻だったのである。

汚物を商品化した江戸の知恵

私が初めてヨーロッパに行ったのは、今から四十年以上前のことになる。当初は、日本のほうが不衛生だと聞いていたし、ヨーロッパの都市部は日本よりもトイレの水洗化が進んでいた。しかし、彼らの衛生感覚には驚かされた。旅行中、トイレを済ませた男性が手を洗わない場面に何度も遭遇したのである。

ヨーロッパの競馬場に足を運んだ際、レースの合間にトイレに殺到した人々を観察し、彼らが手を洗っているかしばらく観察していたことがある。その結果、彼らは日本人ほどまめに手を洗わないことがよく分かった。そんな現代ヨーロッパ人の衛生感覚を見ていると、かつては窓から糞尿を垂れ流していたというのも分からないではない。

では、近代以前の日本のトイレ事情はどうなっていたか。日本でも、平安時代の貴族は「樋《ひ》箱《ばこ》」と呼ばれるおまるを使っていたが、この時代の絵巻を見る限り、どうやら庶民は外で用を足していたらしい。だが、十四世紀半ば頃に汲み取り式のトイレが登場したことで事情は一変する。農業技術が進歩していたこともあり、人間の糞尿を一か所に溜めておいて、それを肥料（下肥）として活用するようになったのだ。

徳川幕府は江戸に大都市を築く際、早々に上水道を整備しているが、生活排水を処理する下水道の整備も早い時期に着手している。とはいえ、この下水整備は糞尿処理用ではなかった。事実、下水道の上や河川の近くにトイレを作ることは厳に禁じられていた。徳川幕府が構築したのは、糞尿を水に流すのではなく、別に集めて江戸近郊の農地で有機肥料として活用するシステムである。

江戸市中の武家屋敷や長屋の共同トイレに溜まった糞尿は、近郊の農民が専用の桶を持参して回収していたという。これはなかなか合理的な仕組みである。糞尿は、農家にとっては貴重な有機肥料だ。最初の頃は、畑でとれた作物などと引き換えに、糞尿を貰い受けていたこともあった。江戸に住む人々からすると、溜まっていた糞尿を処理してもらった上に、作物まで貰えるのだから文句があろうはずもない。ちなみに、下肥《しもごえ》は馬や牛車で運んでいたが、江戸の北郊や東方など水路の利があるエリアには、船を利用して運んでいたようだ。

江戸時代も半ば頃になると、下肥は商品として売買されるようになる。どういうわけか糞尿の集まりが悪い時は、値上がりすることもあった。『江戸の卵は一個四〇〇円！』という本によると、たとえば十世帯が暮らす裏長屋の場合、共同トイレに溜まった糞尿は年間二両ほどで売れたそうだ。現在の価値に換算すると、だいたい二十五万円余である。これは、安普請《やすぶしん》でプライバシーもないような１Ｋの裏長屋の年間家賃の倍にあたるほどだったらしい。

この二両は大家の懐に入るわけだが、江戸時代の大家は必ずしも長屋のオーナーだったわけではなく、長屋を差配する、いわば「管理人」に過ぎなかった。公私にわたって面倒をみる親代わりのような存在だ。彼ら大家の基本収入は、家賃の三～五％程度だったとされるから、店子の糞尿を売って得られる年二両は、大家にとって重要な収入源だったと言える。糞尿さまさまである。

ゴミも流さぬ江戸の下水システム

汲み取り式のトイレは、かつて「かわや」「はばかり」「せっちん」などと呼ばれていた。このうち「かわや（厠）」は、河の上に設置する「河屋」が語源とされ、河川への垂れ流しが禁じられていた江戸では、「せっちん（雪隠）」の語が広く普及していた。十八世紀に書かれた浮世草子『世《せ》間《けん》娘《むすめ》容《かた》気《ぎ》』にも、「雪隠へ参らねばよい思案が出ませぬ」というような文章が出てくる。今もトイレで読書を楽しむ人がいるようだが、当時もそれなりに居心地のよい場所だったのかもしれない。

日本で汲み取り式から水洗式への切り替えが始まるのは、一九二〇年代頃である。ただし戦前は汲み取り式が大半で、一般家庭のトイレ水洗化に弾みがつくのは、おおよそ高度成長期に入ってからのことだろう。昭和の住宅街には、たまにバキュームカーがやって来て、溜まっていた人糞を汲み取っていく光景がよく見られた。また、私が生まれた熊本では、畑には必ずと言っていいほど「肥溜め」があって、汲み取った糞尿を貯蔵するのが当たり前だった。

江戸の汚物処理は、近郊の農業に益したのみならず、都市を衛生的に維持するという点でも優れたシステムだった。驚くべきことに、世界に先駆けて工業化が進んだロンドンでは、汚物混じりの生活廃水をテムズ川に垂れ流すことを、十九世紀半ばまで続けていたのである。

江戸では汚物のみならず、野菜くずのようなゴミを下水道に捨てるのもご法度だった。混入したゴミが河川に流れ込まないよう、排水溝には杭を打ち、溜まったゴミを定期的にさらうメンテナンスも行われていた。これは世界史的に見ても、非常に優れた仕組みだった。当時、江戸は世界随一の上水システムを誇っていたが、下水インフラとゴミ処理に関しても、世界のトップクラスに位置していたと言っていい。ちなみに、江戸のゴミ処理はどうなっていたかというと、市中のゴミ溜め場に集め、隅田川河口の永代島に運んで、島の周辺をゴミでどんどん埋め立てていたようだ。江戸版の「夢の島」というわけだ。

パリには十四世紀に造られた下水道があったが、何百年もメンテナンスされずにいたようだ。ヴィクトル・ユゴーの名作『レ・ミゼラブル』にも、主人公のジャン・バルジャンが下水道に逃げ込み、セーヌ川へと逃れる場面がある。

下水道のシステムが貧弱だと、衛生状態が劣悪になり、疫病が蔓延《まんえん》する。その状況を改善するべく、十九世紀後半、第二帝政時代に入って市街の大改造が行われた。ナポレオン三世の命でこれを主導したセーヌ県知事のジョルジュ・オスマンは、大掛かりな街路拡張や区画整理に加えて、上下水道の整備を断行している。ちょうど黒船来航で江戸が大騒動に陥っていた頃だ。

オスマンは、下水をパリ郊外まで運んでセーヌ川に流すため、高さ四メートル、幅二・五メートル近くもある巨大な下水幹線を新設した。下水中の汚物を処理して肥料として活用する試みも始まった。トイレの水洗化がパリ市民に義務付けられたのも、ちょうどこの頃である。

ローマの賑やかなトイレ事情

食事をし、排泄をする。これこそが人間にとって生きることの土台であろう。にもかかわらず、ヨーロッパの国々が糞尿処理という課題に本腰を入れて取り組み始めたのは、近代になって以降のことなのだ。

だが、歴史を古代にまで遡《さかのぼ》ると、ヨーロッパのトイレ事情も言うほど悪くはない。なかでも特筆すべきは、古代ローマのトイレ環境である。

帝政期ローマの都には、公衆トイレが百四十四か所もあった。ローマのみならず、地方都市にも上下水道網が整備されていたので、テルマエ（公衆浴場）のような公共施設には水洗トイレも設けられていた。今から二千年以上も前に水洗トイレがあったという事実は、古代ローマがいかに進んでいたかを雄弁に語る。

　ポンペイに残る往時の公衆トイレの遺跡を見てみよう。現在のような個室タイプのトイレではない。四角や半円形の部屋の壁に沿って、穴の開いたベンチが据えられていて、ベンチの下に水路がめぐらされていた。壁を背にして座るわけだから、居合わせた人と顔を合わせることになる。用を足しながら談笑でもしていたのだろうか。香《かぐわ》しい場所でなかったことは間違いないが、なかには「ハイポコースト」と呼ばれる床暖房システムを完備した公衆トイレもあり、冬もぬくぬくと憩えたようだ。こうした集合トイレが屋外に設置されることもあったようで、天気がよければ、それはそれで開放感もあって快適だったかもしれない。

　ローマで公衆トイレが発達したのは、トイレがない家もあったからだろう。家にトイレがあるのは一種のステータスシンボルで、複数階ある集合住宅では、一階部分に共同トイレがあり、汚物は下水に流されていた。もちろん、例外がないわけではなく、ポンペイには二階まで排水管を引いた住宅跡も残っている。

下水には一応の処理を施し、汚物は肥溜めに溜めて、肥料として活用していたと言われる。とはいえ、百万もの人口の汚水を完璧に処理できていたかというと、首をかしげざるを得ない。また、人糞を肥料に転用していたとしても、十分に堆肥化されるまで時間を置いていたのかは疑問が残る。

したがって古代ローマでは、感染症や食中毒も少なくなかった。汚物を含んだ下水がテヴェレ川に排出されていたため、皇帝の侍医も務めた医学者ガレノス（一二九年頃～二〇〇年頃）は、テヴェレ川でとれた魚介は食べるなと警告している。汗を流すはずのテルマエで、感染症が広がっていた可能性もあるだろう。

とはいえ、十全ではないにせよ下水設備を整えたことの価値は大きい。さもなければ、大都市ローマにはもっと臭気と病が蔓延していただろう。皇帝たちもそのことが分かっていた。こうした古代ローマにあったはずの衛生観念が、なぜ中世ヨーロッパに受け継がれなかったのか、なかなか説明しがたい謎の一つである。

トイレ王ウェスパシアヌス

古代ローマには、トイレと切っても切り離せない皇帝がいる。第九代のウェスパシアヌスその人である。

ネロ帝が暗殺された後、わずか一年の間に三人もの皇帝が次々と擁立《ようりつ》されては殺されている。この混乱を終わらせたのがウェスパシアヌスであった。初代皇帝アウグストゥスからネロまで、五代百年にわたって世襲されたユリウス・クラウディウス朝に終止符を打ち、自らの血統でフラウィウス朝を立ち上げた人物である。

ウェスパシアヌスは、在位十年の間に緊縮財政で国の立て直しを図り、ネロの治世下で乱れた風紀の引き締めにも功績を残した。しかし、彼が行った施策の中で最も有名なのはトイレ政策に他ならない。公衆トイレをローマ市中に設置した人物こそ、ウェスパシアヌスなのである。

トイレ造りは衛生上の施策というより、財源づくりの一貫であった。あちこちに公営トイレを造り、そこに溜まった尿を集めにくる人に税金をかけたのだ。当時は羊毛の油分を洗い流すために人間の尿が用いられていて、尿は毛織物業者にとって仕事に不可欠なものだった。

ウェスパシアヌスは公明正大で気取りがなく、質素で温厚な好人物だったと伝わる。歴史家のタキトゥスも著書『年代記』で、その治世を高く評価しているが、タダで集めた尿にまで課税し、有料で販売するという政策には、ウェスパシアヌスの息子たちも仰天したそうだ。なかば呆れて、「この税は皇帝の品位を汚すものです」と進言したが、彼は公衆トイレで稼いだ金貨を息子の鼻先かざして「嗅いでみろ。どうだ、臭うか？」とやり返したという。

謹厳実直で知られるウェスパシアヌスだが、ユーモアのセンスは持ち合わせていたようだ。毛織物業者の出費は増えるものの、彼らも効率よく尿を回収することができるし、それによって国庫も潤うし、ローマの街も綺麗になる。確かに、「文句があるか」と言いたくなる気持ちも分かる。この施策がよほど衝撃的なためだろうか、現在でもイタリア語で公衆トイレのことを「ウェスパシアーノ」と呼ぶ。

ローマ帝国の崩壊後、ローマ市中のウェスパシアーノが、どれほど実用されていたか定かではない。盛期には百万を数えたローマの都の人口は、中世の初め頃には五万人足らずまで落ち込んだとも言われる。その規模では、公衆トイレのような施設を維持していくことは難しかったはずだ。

ウェスパシアヌス

ユーモアある吝嗇家

ウェスパシアヌスは、単なる「トイレ皇帝」ではなかった。少し脇道にそれるが、彼の業績を紹介したい。

尿に課税してまで財源確保に努めたことからも分かるように、ウェシパシアヌスは金にうるさい皇帝だった。贅沢《ぜいたく》三昧のネロとは対照的に、質素倹約の人として知られる。ところが、ウェスパシアヌスにも後ろ指をさされるようなエピソードがある。彼は、自分の愛人に支払う「お手当て」を国庫で賄おうとしたのだ。

筋金入りの吝嗇《りんしょく》家だから、自腹を切りたくなかったのかもしれない。だが、いかに皇帝の指示とはいえ、愛人のお手当に国の予算を使うのは筋が通らない。もちろん、国庫の会計係は反対した。するとウェスパシアヌスは、悪びれることもなく「余に情けをかけてくれていることへの謝礼だ」と応えたという。

どういうことか。ウェスパシアヌスは武骨な顔をしていて、お世辞にも「イケメン」とは言い難い。それは彫像を見ても明らかだ。つまり、彼は「俺みたいな醜男の皇帝に尽くしてくれているのだから、彼女の所業は国家への奉仕というに相応《ふさわ》しい、その対価は国庫で賄ってしかるべきだ」と言いたいのだ。冗談とも本気ともつかないロジックだが、結局、ウェスパシアヌスは愛人を国家公務員扱いすることに成功した。先ほど紹介した金貨のエピソードもそうだったが、意外にユーモアに優れた人物かもしれない。

見事に財政再建を成し遂げたウェスパシアヌスだが、実は歴史に残る大事業も成し遂げている。今なお観光スポットとして人気のコロッセオを建設したのだ。当時、収容人数一万人ほどの木造剣闘競技場しかなかったローマに、およそ五万人を収容できる立派なコロッセオを建設した皇帝に、市民も喝采を惜しまなかった。残念ながら、彼自身は完成を見届けることなく亡くなってしまったが、帝位を継いだ息子のティトゥスが百日間におよぶ落成記念興行を催して、ローマの都は大いに盛り上がったと記録されている。

この百日競技会は、単なる落成記念の大盤振る舞いではなかった。コロッセオの完成直前、ヴェスヴィオ火山が噴火し、ポンペイの街が埋没する悲劇があった。このイベントには、未曾有《みぞう》の天災によって失われた命への鎮魂と、恐怖や悲しみで打ちのめされているローマ市民を鼓舞する意味もあったと思われる。

臭いと文化の関係

綺麗な水を潤沢に供給し、排泄物を合理的に処理して都市を清潔に保つ。その点において、江戸とローマは前近代社会で突出して進んでいたと思われる。

ここで重要なのは「臭《にお》い」という視点だろう。街の至るところから人糞の臭いが漂う環境で暮らすことを想像してみてほしい。公衆衛生上の問題から疫病が蔓延してしまうことに加え、生活の質そのものが大きく落ちてしまうはずだ。もちろん、江戸もローマも、現代人の感覚で言えば「無臭」ではなかった。しかし、人口規模が大きく、密度も高かった両都において、もし為政者が上下水道の整備に関して無策であったならば、これほど長く平和と繁栄を謳歌することはできなかっただろう。

社会インフラの恩恵を大きく受けるのは、そこに住む庶民に他ならない。大きな邸に暮らし、汚物臭や体臭を香水でごまかしたりできる上流階級の人々はともかく、毎日入浴できる環境、糞尿の回収・リサイクルシステムが完成している環境は、庶民の生活の質に直結する。日本でも、お香を焚いたり、お香で服を焚きしめたりすることができたのは、やはり上流階級の人々に限られていた。

臭いというのは厄介なもので、一度気になると、そればかりが気になって、思考も感性も鈍ってしまう。生前の松下幸之助は、みずから率先してトイレ掃除をしていたと言われる。トイレ問題は、人々の精神性や思考と無縁ではないのだ。日頃から強烈に臭う環境にいるのか、清潔な場所で暮らしを営んでいるのかで、文化のあり方も変わってくるのではなかろうか。

余談になるが、江戸の人々は口臭をとても気にしていたようだ。日本では、奈良・平安の昔から上流階級の人々に歯磨きの習慣があったが、庶民に広まったのは江戸時代と言われている。柳や黒文字の木の端を木槌で叩き、繊維をほぐしてブラシ状にした「房楊枝《ふさようじ》」が売られていた。ちなみに、浅草寺の境内《けいだい》にあった楊枝屋「本柳屋」の看板娘・お藤は、お江戸のアイドル的存在で、錦絵の創始者・鈴木春信も盛んに彼女を描いている。

古代ローマ人も歯磨きには熱心で、白い歯は美しさの条件だった。ただし、歯を白く保つことができたのは、奴隷に歯の手入れをさせることのできた富裕層のみである。歯磨き粉には塩を使っていたようで、これは現代人の感覚からも理解できる。だが、なかには人間の尿や動物の頭蓋骨《ずがいこつ》を用いて歯のケアをしていた例もあり、これは想像するだけで身の毛もよだつ。なお、プリニウスが書いた『博物誌』には「口臭に効く植物」という項目があり（第二十五巻）、ローマ人が口内衛生を気にかけていたことが分かる。

口臭にせよ糞尿にせよ、そこまで気を回せるのは、社会全体が平和を享受《きょうじゅ》できていたからだろう。歴史の表舞台に出ることはないが、臭いは雄弁に社会を語るのだ。

10 粋な生き様——哲人と俳人

「遊び心」が文化を創る

遊び心のない社会は、どうしても窮屈で退屈になってしまう。

江戸日本に花開いた文化を考える上で、キーワードとなるのは「粋《いき》」になるだろう。では、粋とは何か。この難問に正面から向き合ったのが、哲学者の九鬼周造《くきしゅうぞう》が著した『「いき」の構造』である。九鬼は「媚態《びたい》」や「意気地《いきじ》」というキーワードを挙げながら、日本に特有な精神性の源泉を見事に論じた。

私の理解では、粋な生き方の基本とは、遊び心、あるいは遊びの精神を持つことに他ならない。文化というものは、生活にある程度のゆとりがないと生まれてこない。食うや食わずの状態では、余技にかまけている時間もないし、粋な生き方など考えられない。江戸日本の泰平は、民衆たちに遊び心を持つ余裕をもたらした。

粋とは、ある種の美学をもって洗練された所作、いでたち、生き方そのものを言うことが多い。ビシッと隙なく決めるのではなく、ちょっと崩して遊んでみるところに粋の味がある。衣服の着こなしなどを思い浮かべると分かりやすい。

同じことは文芸にも言える。日本には万葉の昔から詩歌の文化があるが、雅で風流な貴族文化が中心となって育んできたその世界にも、江戸時代になって粋な新風が吹いた。洒《しゃ》脱《だつ》や滑稽味といった新味を加えつつ、言葉を削りに削って、わずか十七音で表現する俳諧が興ったのである。長々語るのは無粋だというわけだ。

江戸時代に興隆した俳諧は、四季折々の風物に遊び、自然の景を愛で、自然の営みに人生を重ねて憂いや悲しみもさらりと詠んだ、究極の詩歌芸術と言っていいだろう。俳諧を楽しむ集まりでは、互いを俳号で呼び合い、そこに身分を持ち出すような野暮《やぼ》な真似はしない。詠まれた作品だけでなく、楽しみ方も粋だった。

江戸中期に俳人として活躍した与謝蕪村《よさぶそん》は、弟子召波《しょうは》の俳諧集『春泥句集《しゅんでいくしゅう》』に寄せた序文で、「俳諧は俗語を用いて俗を離るゝを尚《とうと》ぶ」と書く。粋な一節だ。江戸時代の川柳や古代のローマの落書きには、俗世のあれこれを生き生きと謳いあげ、笑い飛ばすような庶民のしたたかさがあったが、俳諧の趣はこれとはやや異なる。つまり、人の生を透徹して見つめ、物事の本質を捉えたかと思えば、それを俗語でさらりと表現するのが俳諧なのである。雅やかな言葉で、しかつめらしく語ることはしない。そこに俳諧の妙味がある。

飄々と自然とたわむれた蕪村

先に名前を挙げた与謝蕪村は、二十歳の頃に大坂から江戸に出て俳諧を学び、各地を転々とした後、京都で活躍した人物である。代表句に「春の海終日《ひねもす》のたり〳〵哉《かな》」「菜の花や月は東に日は西に」などがある。詳しいことは分かっていないが、どうやら実家は裕福な旧家だったらしい。泰平の時代と生活の余裕が、独特の飄然としたセンスや、「ひねもすのたり」という遊び心を育んだのかもしれない。

三十代の頃に詠んだ「まるめろはあたまにかねて江戸言葉」は、晩秋につるつるとした黄色い実をつけるマルメロを、自分の坊主頭と「頭をまるめろ」という江戸言葉にかけた一句。季節感に溢れながらも、遊び心たっぷりの見立てを込め、わずか十七音にまとめている。

「蚊屋《かや》の内にほたるはなしてアヽ楽《らく》や」も、蕪村らしくて楽しい。螢《ほたる》狩りは平安時代の和歌にも詠まれた風流な遊びだが、蚊帳の中に螢を放てば、寝そべったまま鑑賞できる。さらりと口語調で「ああ、こんな楽しみ方もありだよね」と語っている感じが、ユーモラスで粋な一句である。

螢を読んだ句で言えば、「学問は尻からぬけるほたる哉」も外せない。苦学して学問することを「螢雪《けいせつ》」と言うが、尻から抜けるとは、学んだそばから忘れて、身につかないことを喩えて言う表現だろう。やんわり諫言《かんげん》しているのか、あるいは自省しているのか、想像が膨らむ一句である。

俳人が何より優れているのは、観察眼ではないだろうか。蕪村の「硝子《びいどろ》の魚《うお》おどろきぬけさの秋」は、そう思わされる一句である。この句にある「硝子」はガラス製の金魚鉢のこと、「けさの秋」は立秋の朝を指す。つまり、涼しげなガラスの鉢の中で夏を過ごした金魚も、「今日は冷えるなあ」と驚いているように見える、と詠んでいるわけだ。季節の移り変わりを十七音で、それも情景が浮かぶように詠むのだからすごい。ちなみに、この句は『古今和歌集』にある「秋来ぬと目にはさやかに見えねども風の音にぞおどろかれぬる」という歌を踏まえて作られている。

しんみりと秋を詠んだ句もある。なかでも有名なのが「かなしさや釣《つり》の糸ふく秋の風」だろう。釣り糸を微かに揺らして吹き抜ける風に秋の気配を感じると同時に、人間は秋風に揺れる釣り糸のように頼りなくて孤独なものだという感慨が重ねられている。哲学の境地にも達した、俳諧の真骨頂とも言うべき句である。

驚くべきことに、蕪村は画家としても超一流だった。国宝に指定されている晩年の傑作『夜色楼台図《やしょくろうだいず》』のほか、数多《あまた》の画文を残している。先ほど紹介した「学問は尻からぬけるほたる哉」もその一つで、文机に肘をついて気持ちよさそうに居眠りする人をさらりと描き添えた、なんとも長閑《のどか》な自画賛作品である。

古代ローマの粋人ペトロニウス

俳諧に遊ぶ教養人で、絵を描かせても国宝級。しかも、職業画家としてあくせく描いていたわけではなく、俳句にも力を注ぎつつ、肩肘はらずに楽しんでいた。そんな蕪村のありようと遊び心を古代ローマに重ねると、ネロ帝の側近だったペトロニウスが思い浮かぶ。

ペトロニウスは属州の総督や、ローマの都の長であるコンスル（執政官）も務めた人物で、文化・文芸に造詣が深く、しかも典雅に遊んだ趣味人だった。江戸風に言えば、風流人や数寄者とでも言えるだろうか。

ペトロニウスは政治家として高く評価されながらも、公職を離れると夜通し遊んで、空が白々とする頃に眠りにつくような生活を送っていた。もちろん、ただ遊蕩していたわけではない。風刺的な要素をちりばめながら、当時の堕落したローマの様子を描いた長大なピカレスク小説『サテュリコン』を書いている。フェデリコ・フェリーニ監督が『サテリコン』として映画化したことでも知られるこの小説は、残念ながら一部しか現存しないのだが、徹底した遊び心と教養の深さに溢れた傑作である。二千年も前に、このような作品を書いたペトロニウスの才には感嘆させられる。
ずば抜けた教養人であり、趣味人でもあったペトロニウスは、ネロ帝のお気に入りだった。政治的な側近というより、皇帝の遊び仲間や知恵袋的な存在として寵愛されていたのだが、あまりにもネロ帝がペトロニウスに心酔していたため、やがて他の側近たちに妬まれるようになってしまう。結局、ペトロニウスは皇帝暗殺の陰謀に加担したと讒言され、ネロに自害を命じられる。

ペトロニウスの凄いところは、死に際まで遊び心を貫いたことである。伝わるところによれば、歌舞音曲の話を楽しみ、取り巻き連中と俗っぽい話を楽しみながら逝ったという。もちろん、死出の準備にも抜かりはない。彼は逝く前に指輪を壊していたのだが、これはネロへの抵抗だった。というのも、ローマでは指輪が印鑑の機能を兼ね、日本の押印よりも遥かに威力を持っていたため、悪用される恐れがあった。死後、ネロが指輪を悪用して財産を好き勝手しないよう、あらかじめ指輪を壊したわけだ。

さらにペトロニウスは、ネロが欲しがっていた花瓶も叩き割っていた。濡れ衣を着せられて、ぐずぐずと恨み言を並べるのではなく、一撃で相手の心を砕く。生き方を見ても、最期の身の処し方を見ても、粋人の極みという他ない。

世俗への未練を詠む

ペトロニウスのように、心を遊ばせつつ公務もこなした点で言えば、松尾芭蕉の名を挙げないわけにはいかない。蕪村が敬愛し、憧れた芭蕉は、三十代の頃に江戸で神田川の分水工事に事務方として携わり、生活の糧を得たと伝わる。とはいえ、長く務めたわけではなく、ほどなく俳諧の宗匠となり、以後、俳諧一筋に生きて「俳聖」と称されるまでになる。

俗世のしがらみを離れ、各地を旅して句を詠んだ芭蕉だが、かつては心穏やかならぬ時もあったようだ。晩年にまとめた『幻住庵記《げんじゅうあんのき》』には「ある時は仕官懸命の地をうらやみ、一たびは佛籬《ぶつり》祖室の扉《とぼそ》に入らむとせしも」と綴られている。昇進や出世に心が揺れたことも正直に吐露《とろ》しつつ、そうした生き方を突き放すような視線が読み取れる。

数ある芭蕉の名句の中でも、私が滑稽味を感じるのが「初時雨《はつしぐれ》猿も小蓑《こみの》を欲しげなり」の一句である。旅の途中、雨に打たれたので自分は蓑をまとったが、こんなに冷たい雨なら猿も小さな蓑が欲しかろう。優れて軽妙な一句である。

日本では、古くから猿は馬を守護する生き物と言われる。私たちがよく知る猿回しの芸も、厩《うまや》をお祓いするために猿を舞わせたことが始まりとされるが、江戸時代の頃には、庶民を楽しませる見世物として人気を集めていたらしい。芭蕉は、山で遭遇した猿にも親しみを感じ、「小蓑を欲しげ」と感じたのだろう。

蕪村にも「猿どのヽ夜寒訪《とい》ゆく兎《うさぎ》かな」という有名な句があるが、こちらは童話の世界のような温もりがある。国宝絵巻の『鳥獣人物戯画』を見ても分かるように、日本には動物たちを身近な存在として愛《いと》おしみ、思いやる土壌があり、芭蕉も蕪村もその心を俳味豊かに表現したのだろう。これは極めて日本的な親しみ方で、神格化された一部の動物を除けば、基本的に動物を「支配の対象」とする西洋とは大きく異なる価値観である。

優れた俳人たちは、思うに任せぬ人の世をしみじみと詠んで笑わせる。蕪村の句で言えば、「さればこそ賢者は富《とま》ず敗荷《やれはちす》」や「銭亀《ぜにがめ》や青砥《あおと》もしらぬ谷清水」などがこれに当たるだろう。

後者の句に見える「青砥」とは、鎌倉時代の武士・青砥藤綱《ふじつな》のことで、川に落とした十文を探すために五十文の松明《たいまつ》を買ったという逸話の主である。馬鹿げた所業にも見えるが、青砥の言い分は違う。曰《いわ》く、わずか十文でも落としたままでは永久に失われたことになり、松明を買えば自分は五十文を失うが、その金は松明を商う者に益し、合わせて六十文の利となるというわけだ。

蕪村の句は、質素倹約を旨とし、公平清廉の士として人望のあった青砥でさえ知らないような清らかな水に棲む銭亀は、甲羅の形から「銭」ガメなどと呼ばれているが、金銭に振り回されることもなく幸せそうだ、と詠んでいる。清廉の士と「谷清水」という澄んだイメージの取り合わせで、俗世の濁りをそれとなく示唆していて、粋なひねりを感じさせる一句だ。

泰平の世に生まれた「閑暇」

芭蕉の句や生き方は、禅門に入らんとしたと言うだけあって、哲学的なものを感じさせる。その点で私が想起するのは、哲学者のセネカである。ペトロニウスと同じく、ネロの側近だったセネカは、平和な時代に浮かれることなく、平和だからこそ深く思索し、人間の愚かしさを透徹するように言葉を紡いでいる。「哲人」という言葉は、彼にこそふさわしい。

ネロは、母親の謀略の甲斐《かい》あって、若くして皇帝となった。彼が帝位に就く以前から教育係として側に控えていたセネカは、コンスルとなってネロ帝を補佐し、初期の善政を支えた立役者と言えよう。ある意味で「仕官懸命」だったわけだが、晩年は地位を放棄して、思索と執筆の隠遁《いんとん》生活を送っている。

セネカは、全集が編まれるほど多くの著作を残しているが、なかでも「われわれの享《う》ける生が短いのではなく、われわれ自身が生を短くする」(大西英文訳、岩波文庫)という一節で知られる『生の短さについて』は、最も読まれている一篇だろう。人間の本質を突く警句が多い本篇の中で、とりわけ現代人の耳に痛いのは「閑暇」——暇な時間の用い方についての諫言ではないだろうか。

> その閑暇《かんか》さえ何かに忙殺される者たちもいる。別荘にいるときも、あるいは寝台に横たわっているときも、一人きりでいて、何もかもから離れているはずなのに、己が己の煩《わずら》いの種《たね》となる者たちである。そのような者たちの生は、閑暇の生と呼ぶべきではなく、「不精《ぶしょう》な多忙」と呼ぶべきなのだ。(同前)

泰平の世は、生活時間のゆとりと遊び心をもたらした。しかしセネカは、その閑暇を用事で埋め尽くして、蕩尽《とうじん》してはいないかと問う。心の豊かさとは何か、真の幸福とは何か、そもそも生きるとはどういうことか——。こうした問いから目を逸らし、雑事に忙殺されている状態を「充実している」と勘違いする人たちが、古代ローマの時代にも少なからずいたのだろう。セネカは、「生きることにとっての最大の障害は、明日という時に依存し、今日という時を無にする期待である」(同前)とも言う。

ちなみに、英語の「スクール(学校)」の語源となった古代ギリシア語の「スコレー」は、閑暇という意味である。物事を深く考える暇がなくては、哲学をはじめとする学問が生まれることはなかっただろう。

哲人セネカの指摘は、我が世の春を謳歌《おうか》するネロには厄介だったことだろう。皇帝になって数年が経つと、ネロは自分に対して意見する人々が疎ましくなり、次々と消していくようになる。その矛先は、心酔していた遊び仲間のペトロニウスのみならず、母親のアグリッピナにも向けられた。大罪である母親殺しをネロが企てていることを、側近のセネカが知らなかったはずがない。やがてセネカも、ネロ帝暗殺計画に関与したと嫌疑をかけられ、自害に追い込まれた。

ルーベンスをはじめ、のちに多くの画家がセネカの最期を描いている。そこには、多くの弟子や仲間がセネカを囲み、身を乗り出すようにしてその言葉を聞き、あるいは記録している姿が描かれている。セネカが自害した翌年、ペトロニウスも同じ末路を辿ったが、哲学的な対話をしながら旅立っていったセネカと、最後まで心遊ばせることを忘れなかったペトロニウスは見事に対照的である。

皇帝ハドリアヌスの諧謔

セネカがそうであったように、古代ローマの宮廷には見識に優れた人々がいた。弁論家としても名を馳せたキケロ、『自省録』を著したマルクス・アウレリウス・アントニヌスなどは、まさに「哲人」と呼ぶにふさわしい人物である。彼らが深めた思想は、二千年を経過した今なお色あせることはない。

彼らはいたって真面目な連中だが、中には江戸の俳人にも通じる遊び心をもった皇帝もいた。皇帝ハドリアヌスがそれである。世界帝国の長たる位にありながら、公衆浴場にもよく足を運び、身分を超えて庶民とも洒落《しゃれ》の効いた会話を楽しんだ人物である。

ある時、ハドリアヌスが公衆浴場に行くと、顔見知りの退役軍人が自分の背中をしきりに壁にこすりつけていた。理由を訊くと、痒《かゆ》くて仕方がないのだが、背中をこする奴隷を持っていないと言う。それならばと、ハドリアヌスは数人の奴隷と、奴隷を養い続けられるだけの費用を彼に贈る。ところが、この話が市中に拡散してしまい、ハドリアヌスが浴場を再訪すると、大勢の老人が壁に背中をこすりつけている。彼らが二匹目のどじょうを狙っていると察したハドリアヌスは、彼らに「知恵」をプレゼントする。曰く「みんなで互いの背中を掻くといい」。機知に富んだハドリアヌスらしい切り返しである。

彼は、二十数年にわたる治世の半分を属州の視察に費やし、ローマの都にはあまり居つかなかった。この「旅する皇帝」を皮肉って、詩人のフロルスが「私は皇帝なんぞにはなりたくない。冬のスキティアで極寒に耐え、蛮族が出没するようなところを歩き回るなんて、まっぴら御免だ」と詠むと、ハドリアヌスはその詩をパロディ化して、「私はフロルスなんぞにはなりたくない。小汚い居酒屋で悪臭に耐え、大声で騒ぐ輩《やから》が出没するような通りをうろつくなんて、まっぴら御免だ」と返している。

こうした応酬も、ローマ的な粋な遊びと言えるだろう。文化事業に力を入れ、自らもウィットの効いた詩を書いたハドリアヌスの時代は、そんなやりとりができるような空気があったのだ。遊び心を持った皇帝がいたことは、社会や文化が爛熟していたことを雄弁に語っている。教養で遊び、大らかに謳う。その屈託のなさも、長く平和が続いたから生まれたものだろう。

江戸とローマの類似と差異

わが国で粋を何より大事にしたのは、「江戸っ子」と呼ばれる人々だろう。

江戸っ子とは誰を指すのだろうか。当たり前のことだが、江戸に住む全員が江戸っ子というわけではない。

西山松之助『江戸文化誌』によれば、江戸には大名家の上屋敷が三百近くあったほか、参勤交代でやってきた江戸詰めの侍が、中屋敷や下屋敷に滞在していた。彼らは、言葉も習俗も各々の田舎流を堅持し、一向に江戸の生活習慣に染まらなかったという。

また、商機を求めて上方から多くの商人が江戸に進出し、いわゆる「江戸店《だな》」を開いたが、彼らも上方の言葉や商習慣を頑なに守っていた。当時はそれが高級の代名詞、ブランドだったからだ。彼らに限ったことではなく、その他大勢の出稼ぎに来た人たちも、それぞれに郷里の言葉や文化を堅持し、江戸に滞在していた。つまり、江戸には江戸化しない人々が相当数いたわけである。

その一方で、家康と共に江戸入りしたか、もしくは、ごく初期に江戸で暮らしはじめ、現在の日本橋・神田・京橋・銀座、あるいは上野・浅草・芝あたりに住みついた「根生《ねお》いの町人」も確かにいた。西山松之助が指摘するのは、気質の異なる両者が共存することにより、「江戸人が江戸ッ子という人間像を典型化してい」（『江戸文化誌』岩波現代文庫）ったということである。

粋で気風がいい、いわゆる「江戸っ子気質」が語られるようになるのは、江戸中期頃からとされる。その頃には「根生いの町人」も、上方から進出してきた商人たちと肩を並べるほどの経済力を持つまでに成長していた。また、江戸ならではの文化を育み、独自の矜《きょう》持《じ》や意識を磨き上げていった。つまり、これまでにない泰平と参勤交代の制度が、江戸っ子なる人々をつくり上げていったのである。

同じ百万都市でも、「ローマっ子」という言葉は聞かない。帝政期、ローマには周辺から大勢の人が流入していたが、ローマ市民たちは属州の文化を吸収していったため、特徴的な気質や類型が強く形成されなかったのだ。江戸という都市の特殊性は、世界史にも例がないものだ。

それでもあえて江戸っ子とローマ市民の共通点を挙げるならば、遊び心を持ちつつ、誠実さを備えていたことではないか。遊び心は物事を大成するエンジンのような役割を果たすが、根柢の部分に誠実さがなければ、文化を発展させることはできない。

ローマ人の誠実さの根源には、彼らの信仰深さがある。キリスト教が広まる以前の多神教時代において、ローマ人たちの信仰が特別厚かったことは、古代ギリシアの歴史家ポリビオスも指摘するところである。ギリシア人なら飲めや歌えやの大騒ぎになりそうな儀式や宗教行事においても、ローマ人は神々に深く頭《こうべ》を垂れている。いつ、どこにいても自分たちは神々に守られ、あるいは心の内まで見られているという思いが強く、それがローマ人の誠実さにつながっている。

同じようなことは日本人にも言えないだろうか。八百万《やおよろず》の神々を信仰し、路傍の石にさえ神性を見いだすだけでなく、「お天道《てんと》様が見ている」といった意識が、嘘をついたりごまかしたりすることにブレーキをかけている。条件は様々に違えど、意外なところで似てくるから面白い。

おわりに　海を囲む帝国と海に囲まれた島国

「パクス・ローマーナ（ローマの平和）」になぞらえた「パクス・トクガワーナ」という呼び方がある。文字通り徳川幕府下の大江戸日本の平和を謳ったもの。かくも長期にわたる平和を実現した二つの社会には、何か似かよったものが格別にあるのではないか、という思いがずっと消えなかった。

そのなかでふと直感したのが「海」という共通項であった。それも半端な形で「海」に接しているわけではない。ローマは「海」を囲む帝国であり、大江戸日本は「海」に囲まれた島国である。

大航海あるいは大交易の時代以降は近代と呼ばれているが、それはなによりも「海」を活用した時代であった。さまざまな地域が「海」を介して結ぶつき、各地の人々と文化が交わり合って新しい独自な文明が誕生する。

ふりかえれば、地中海を「われらが海」としたローマ帝国とその平和は、「海」を通じて本格的な交易網ができたのだから、古代世界にあって〝近代を先取り〟していた時代であったのかもしれない。交易をともなう経済活動も盛んになり、貴族・富裕者ばかりでなく庶民の生活水準も高くなり、生活にゆとりが生まれ、余暇ができる。余暇とは公務をしないことであり、朗読拝聴、芸術鑑賞、読書などの嗜みのいいものもあったが、碑文は「風呂と酒と愛欲はわれわれの身体を滅ぼすが、風呂・酒・愛欲にひたることこそが人生なのだ」と語っている。

日本でも江戸時代になると船の大型化が進み、沿岸航路を活用した海上交易が盛んになった。とりわけ江戸―大阪間には菱垣廻船や樽廻船が走り、生活物資が大量に輸送されて、経済活動が勢いづいた。大江戸には富裕になる庶民もおり、彼らを中心に俳諧や川柳の集まりもあったが、江戸町民たちにとって銭湯はなによりの社交場であった。さらに、その周辺には遊郭文化が成立し、その洗練さは世界史上もきわだったものがあった。

このようにして見ると、古代ローマと大江戸日本の類似性は偶然なものではなく、地政学としての地形構造においても偶然ではすまされない共通の特徴があったように思えてくる。

古代ローマも大江戸日本も、前近代世界においてはもっとも円熟の極みにまでいたった社会である。比較するに最もふさわしいテーマであったのではないだろうか。そこには世界史を学ぶことの意義すら浮かび上がってくる。そのことを肌身で感じられる日本人であることを思うと、あらためて嬉しくなる。

本村凌二

二〇二二年一月

本書は、1話10分で学ぶ教養動画メディア「テンミニッツＴＶ」で配信された講義「江戸とローマ」を書籍として編集したものです。書籍化に際しては、大幅な加筆修正を加えています。

「テンミニッツＴＶ」は、「よりよく生きる知の力」を身につけるための教養動画メディアです。「知は力」であり、「知は楽しみ」でもあります。現代のような「知識の爆発」の時代に、「生涯学んで、知を楽しみたい」「広範で多彩なジャンルを学びたい」「正しい知識や深い見識を身につけたい」という願いをかなえるために、各界の第一人者による信頼できる講義をインターネット空間に蓄積し、日本で最高水準の「知」や「教養」を1話10分の動画で学べるようにする——その基本コンセプトのもと、現在、２４０人以上の講師による、４０００本以上の講義を配信しており、さらに毎日、新規講義が追加されています。配信されている講義は歴史・哲学・文化から政治・経済・ビジネス・科学技術・医療などまで多岐にわたっています。スマートフォンやタブレット、ＰＣなどで、どこでも好きな場所で学ぶことができます。

サービスや講義の詳しい内容は、次のＵＲＬ（ＱＲコード）からご確認いただけます。

https://10mtv.jp/

運営会社：イマジニア株式会社

※記載した情報は、２０２２年1月現在のものです。

編集協力　大旗規子
　　　　　イマジニア株式会社
校閲　北崎隆雄
DTP　角谷　剛
地図作成　原　清人

本村凌二 もとむら・りょうじ
1947年、熊本県生まれ。
東京大学名誉教授。専門は古代ローマ史。
一橋大学社会学部卒業後、
東京大学大学院人文科学研究科博士課程修了。博士（文学）。
東京大学教養学部教授、同大学院総合文化研究科教授、
早稲田大学国際教養学部特任教授などを歴任。
著書に『薄闇のローマ世界』（サントリー学芸賞、東京大学出版会）、
『地中海世界とローマ帝国』（講談社学術文庫）、
『世界史の叡智』（中公新書）、『馬の世界史』（中公文庫）、
『独裁の世界史』（NHK出版新書）など。

NHK出版新書 671

テルマエと浮世風呂
古代ローマと大江戸日本の比較史

2022年2月10日　第1刷発行

著者　本村凌二　©2022 Motomura Ryoji
発行者　土井成紀
発行所　NHK出版
〒150-8081 東京都渋谷区宇田川町41-1
電話 (0570) 009-321（問い合わせ） (0570) 000-321（注文）
https://www.nhk-book.co.jp（ホームページ）
振替 00110-1-49701

ブックデザイン　albireo
印刷　新藤慶昌堂・近代美術
製本　藤田製本

Printed in Japan ISBN978-4-14-088671-7 C0220

NHK出版新書好評既刊

アドラー　性格を変える心理学
岸見一郎

世の中には「性格は生まれつき」と考えて、あきらめてしまう人が少なくない。『嫌われる勇気』の著者が、アドラー心理学を軸に、性格の常識を覆す。

648

「超」英語独学法
野口悠紀雄

リスニング練習から暗記術、AI活用法まで。専門家同士のやりとりや英文読解、会議での討論、メール作成などに役立つ超合理的勉強法！

649

おとなの教養3
私たちは、どんな未来を生きるのか？

池上　彰

気候変動、データ経済とDX、ポスト資本主義など。喫緊の6テーマを歴史や科学、経済学の教養にもとづき講義形式で解説するシリーズ第3弾！

650

異形のものたち
絵画のなかの「怪」を読む

中野京子

人獣、妖精、悪魔と天使、異様な建造物から魑魅魍魎まで。「異形」の名画が描かれ支持されてきたのはなぜか。語られざる歴史と人間心理を読む。

651

新世紀のコミュニズムへ
資本主義の内からの脱出

大澤真幸

資本主義を超える。それは、いかにして可能なのか？　持続可能な未来に向けた真の課題とは何か？　パンデミック後の思想的課題に鋭く迫る！

652

「現金給付」の経済学
反緊縮で日本はよみがえる

井上智洋

現金をばらまき、インフレ好況をつくり出せ！日本経済の停滞を打ち破る、金融緩和でも構造改革でもない「ラディカルな解決策」を提唱する一冊。

653

NHK出版新書好評既刊

商業美術家の逆襲
もうひとつの日本美術史

山下裕二

従来の日本美術史の枠をはみ出した破格の商業美術家の作品をカラーで多数収載。浮世絵からマンガまで、知られざる「美の系譜」を明らかにする！

666

日本人の宿題
歴史探偵、平和を謳う

半藤一利
保阪正康［解説］

「昭和史の語り部」として慕われた半藤一利さん。没後一年、NHKラジオ番組での「語り」をもとに再構成した日本人への「遺言」。保阪正康の解説付き。

668

「旧制第一中学」の面目
全国47高校を秘蔵データで読む

小林哲夫

「地元最強ブランド」の根拠は何か。なぜステータスを維持する学校と失う学校があるのか。明治から令和までの逸話が満載、教育関係者も必読！

669

オードリー・タンが語るデジタル民主主義

大野和基［インタビュー・編］

市民参加型の政治討論、新しい投票方法の導入、徹底した情報公開…。台湾の天才デジタル大臣が、民主主義の革新的なモデルの精髄を説く。

670

テルマエと浮世風呂
古代ローマと大江戸日本の比較史

本村凌二

アッピア街道と東海道から権力のあり方を考え、ワインと日本酒から民衆の暮らしに思いを馳せる。異なる歴史を比べて愉しむ10のエッセイ。

671